大学生のための
セーフティーネット

学生生活支援を考える

全国大学生活協同組合連合会教職員委員会 編

大学教育出版

はじめに

全国大学生活協同組合連合会（大学生協連）では１年おきに全国教職員セミナーを開催しています。2018年は富山大学を会場に「大学生のためのセーフティーネット ― 学生生活支援を考える ―」というテーマで行いました。基調講演は中京大学の大内裕和教授にお願いし、シンポジウムにも参加していただきました。その内容を中心に、大学生を支援する活動事例を付加して１冊にまとめたものが本書です。

これまでも大学生協は、病気やケガ、不慮の事故、扶養者の死亡など、大学生が学業を継続するのが困難にならないように、学生総合共済を1981年にスタートさせ、制度をより良いものへと発展させてきました。40年近くたった今、学生を取り巻く状況は大きく変化しました。授業料の高騰をはじめとして、有利子化など奨学金制度の改悪、大学生の親世代の就業環境の変化などが原因となり、多額の奨学金を借りるかアルバイトをしないと学業を継続するのが困難な学生が増えてきました。これらを原因として、学生たちが学業に全力投球できない状況が生まれているのです。経済的な問題以外にも、さまざまな障害のある学生も増えており、それらの学生に対する手助けが必要な状況が増加しつつあります。多くの若者が大学に入学しても卒業までたどり着けずに、大学を辞めております。ところが、我々教員の多くは、「最近の学生は…」という枕詞を付けて、考えてしまいがちです。私も学生を取り巻く状況の変化の一つひとつについては情報として知ってはいても、目の前にいる自分の担当する学生の背景にまでは考えが及んでおりませんでした。我々、大学教員・職員の側でも、定員の削減、任期制の導入や業績審査、講義方法の変化やさまざまな障害のある学生への対応など教育にかかる役割が増大してきております。ところが、このような教育を受けたことがない年代の者にとっては、すべてが初めて経験することであるわけです。自分の専門外の分野において、専門家として学生たちの一生に一度しかない大学時代の教育に責任を負っているのです。

大学生協で教職員の立場から学生支援の問題を大切な問題としてとらえセミナーなどの場で論じ始めたのは、つい最近のことです。まだまだ、我々教職員委員の間でも、学生の実態についての認識は広がっておらず、手探り状態で作り上げたセミナーでした。したがって、本書の内容にはまだまだ足りない点もあるとは思います。しかしながら、講演していただいた大内先生をはじめ、シンポジウムに参加していただいた方々はそれぞれの分野でご活躍中の方ばかりです。本書が少しでもこの問題に関心を持った方のお役に立てば幸いです。また、我々教職員委員会では、来年2020年の教職員セミナーにおいても引き続き学生支援をテーマにとりあげ、この問題について学びあいを行っていく所存でございます。困難な状況に面している学生のことを、協同組合らしく自分事としてとらえ、誰一人取り残さず質の高い教育を提供（SDGsの目標より）できる大学をめざしていきたいと思っております。ぜひ多くの大学に関係する方々が学生支援の問題に関心を持っていただけますよう、期待しております。

全国大学生活協同組合連合会理事・教職員委員会委員長
高本　雅哉

大学生のためのセーフティーネット
―学生生活支援を考える―

目　次

第Ⅱ部　学生生活支援事例集

付記「障害」の表記について

本書では、執筆者の判断により、「障害」と「障がい」の表記が使われています。執筆者の皆様、読者の皆様、関係各位にご諒解をお願いする次第です。

このことに関しては、戦前に用いられた「障碍」の表記が、戦後「碍」の字が常用漢字等から外されたために公文書において同じ音の「害」に安易に置き換えられ、「障害」と表記されることになったという経緯があります。しかし、「害」の示す意味があまりにもネガティブであるため、「障がい」と表記するべきという意見が広まりました。

しかし、表記を替えることが問題の本質ではありません。本書第Ｉ部収録のシンポジウムで船越高樹先生が「障害の社会モデル」という言い方で論じておられる通り、障害は個人にあるのではなく、社会の側にあるという理解が広まり、社会問題（社会が作り出した問題）として捉えられるようになっています。

本書の主張は、社会にある disabilities を問題にし、それを要因とする生活上の困難の解決を目指すことであって、その表記は「障害」「障がい」のいずれでもよいと考えます。人と障害（障がい）とは別個に捉えるべきであり、したがって、障害（障がい）者という表記自体が改められるべきであると考えます。本書では、法律や施設名、引用を除き、「障害　（障がい）のある学生（人）」と表記しています。船越先生のご見解を参考にいたしました。

編集委員会

第Ⅰ部

シンポジウム「大学生のためのセーフティーネット ― 学生生活支援を考える ―」

趣旨説明

松野尾 裕

今、全国の大学で、アクティブラーニングをはじめとする授業改善その他の教育改革が行われています。全国大学生協連教職員委員会では、これまでにも取り組んできた読書推進をもう一度新しい教育改革の中に位置付け直そうということで、「リーディングリスト運動」を進めてきました。前回の2016年に開催した教職員セミナーでは「大学教育と読書」をテーマにシンポジウムを行いました。これにつきましては2017年に書籍として公刊しておりますので、ぜひご一読ください。

その振り返りをする中で、授業時間外学習とか学外でのフィールド学習とか図書館を利用したグループ学習とか言われているけれども、果たして学生たちはそうした学習の時間を確保できているのだろうか。教育改革といっても、実際にそれについていくことのできる学生がどれだけいるのだろうかと、疑問が生じてまいりました。学生たちの多くはアルバイトに時間を取られていますし、また大学生としての人間関係や将来への不安、そういったことで悩みや問題を抱えている学生も少なくありません。

私たちは、自分の学生時代を引き合いに出して今の学生は、という言い方をよくいたします。しかし、今の学生というところにしても、その捉え方は教職員のなかで様々です。教職員委員会での議論におきましても、問題の深刻さを指摘する意見もあれば、深刻さを実感できないとする発言もあります。そこで、まず学生の生活の実情をよく知ることが必要だということで、今回の教職員セミナーでは、大学生の生活という、大学生協にとっても一番大きな関心事をテーマに掲げて企画を立てました。「大学生のためのセーフティーネット ― 学生生活支援を考える ―」が今回のセミナーのメインテーマです。

*

教職員委員会では、日本の大学教育と大学教職員が直面している当面の問題について、おおよそ次のような認識を共有しました。

日本では近年、雇用の不安定化や社会保障の不備などによる国民の生活格差が大きな社会問題となっています。また、いわゆる大学全入時代に入り、生活困難を抱えたまま大学へ入学する学生が増えています。大学進学・在籍のための家計負担の大きさが、学生の学業の持続に悪影響を及ぼしています。アルバイト時間の増加のために学習時間が減少し、その結果勉学意欲を失ったり、経済的理由による休学や不本意な中途退学にも繋がっています。大学院生は研究者として安定した就職先を見つけにくくなっており、奨学金返済問題も加わり研究継続に困難を来すことも出てきています。

教職員にあっては、学生の生活における経済的な面での困難から生じる問題への理解を欠いて、教育・研究指導やその支援を行うことはできなくなっています。また、障害のある学生への支援については、教員個人やボランティア学生に任せるのではなく、組織的な取り組みが不可欠です。キャンパスハラスメントと総称されるさまざまなハラスメントも顕在化し、メンタルヘルス（こころの健康）の面でも新たな対応が求められています。

学生が安心して大学生活を過ごすことのできる環境をつくることは、大学当局はもとより、大学生協にとっても中心的な課題であり、今後の大学生協の事業や活動のあり方にも繋がってきます。

私たちは、高等教育予算の少なさ、若年齢層向けの社会保障政策の貧しさ、アルバイトや就活の実態、奨学金制度などに対する社会全般の関心・理解の低さといった、大学及び大学生を取り巻く大きな問題の解決が不可欠であることを、当然、指摘しなければなりません。そのためにも、まず、大学の教職員として学生の生活環境の著しい変化について理解を深めることが必要です。学生がいま抱えている問題を他人事ではなく、自分事として捉えることに努めます。その上で、大学生協として今後さらに何ができるのかを考えていきます。

*

本シンポジウムでは、まず前半で、大内裕和さん（中京大学教授）に基調講演をしていただきます。大内さんは、改めてご紹介するまでもございませんが、教育社会学の専門家として、学生の生活問題、特にアルバイトの問題、奨学金の問題、こういった学生が今直面している極めて大きな問題の実態把握に、この間、積極的に取り組んでこられました。それらに関する著作も多数ありますので、すでにお読みになられた方も会場におられると思います。基調講演に続き、全国大学生協共済連専務理事の寺尾善喜さんに共済事業の観点から学生生活についてご報告いただきます。

後半では、船越高樹さん（京都大学学生総合支援センター特定准教授）、小澤将也さん（全国大学生協連院生委員長）、佐藤晃司さん（関西学生アルバイトユニオン事務局長）に加わっていただいて、それぞれのお立場からご意見をいただき、フロアからのご発言を交え、大内さんと共に討論を行います。また、宮永聡太さん（全国大学生協連学生委員長）が会場に来られていますので、宮永さんにもご発言を事前にお願いしております。

それでは、大内裕和さんに基調講演を始めていただきます。

（お断わり）発言者の所属・肩書きはシンポジウム当時のものです。

編集委員会

[基調講演]

大学生の困難 ― 奨学金・ブラックバイト・就活 ―

大内 裕和

中京大学の大内です。今日はどうぞよろしくお願いします。私は自分自身も学部時代と大学院時代に奨学金を利用していましたし、また私の専門は教育研究ですから、以前から奨学金について一定の関心は持っておりました。しかしまさか、このテーマで日本中を飛び回るとか、テレビに出るなんてことは全く予想しませんでした。それはなぜか。私の周囲は誰も奨学金を利用していなかったからです。私は1967年の生まれで大学に入ったのは、今から約30年前です。当時、大学生で奨学金を利用していた人は、全体の2割を切っておりました。私が通っていた大学では1割を切っていたと思います。ですから私は困っていましたけれども、例えばそのとき私が、「奨学金のことが不安なんだ」と言ったとしても、周りは「大内は大変だね」と言って話はおしまいだったでしょう。これでは話は発展しません。しかし現在、奨学金利用者は大学生の約52%。この問題は完全に変わっています。レジュメに従って話をさせていただきます。

1. 奨学金問題への関心

私がこの問題に改めて気が付いたのは、今から8年前です。北海道の札幌で講演を行いました。この講演の時にはまだ気が付いていませんから、奨学金がテーマの講演ではありません。講演が終わった後に現場の先生とお話をする機会がありました。私は講演のときに現場の方とお話しする機会を大事にしています。教育学というのは現場がありますから、本を読んでいるだけでは駄目で、今、学校で何が起こっているかということを知らなければ、ずれたことを言ってしまいます。

ですからそのときも、「今の学校はどうなっていますか」と質問していました。小学校のベテランの先生がいらっしゃったので、「最近の若い先生はいかがですか」と尋ねました。すると一言、「最近の若い先生は貧しい」と言われました。私は最初、非正規教員のことかと思いました。これはどこの労働現場もそうですけども、学校でも正規ではない、非正規の教員が増えています。常勤講師、非常勤講師、時間講師、と名前はいろいろありますけれども、正規ではない非正規の先生が増えている。そういう方たちは給料が安かったり、身分が不安定です。「そういう方たちのことですか」と言ったら、「違う」と言われました。「非正規の先生は当然貧しいのだけれど、正規の先生も貧しいのです」と言われるので、「どうしてですか」とまた尋ねると、「最近の先生は、奨学金を返しているから」と言われました。

それで私は、「はっ」と気が付きました。戦後長い間、小学校、中学校、高校の教員、それから大学などの研究者は、奨学金返済の免除職でした。数年間勤務すれば奨学金は一切返さなくてよかったのです。小・中・高の教員については、それが1998年に廃止されました。そのことについては私は専門ですから、その話を聞く前から知っていました。しかし、現場の先生から「若い先生は貧しい」あるいは「新人の先生を飲み会に誘ったら、奨学金の返済があるから行けないと言われた」と聞いて、改めてこの問題に気が付きました。この間、NHKのラジオで一緒に出た高校の先生は、「月の奨学金返済が4万円を超えているので、付き合っている女性と結婚できない」と言っていましたから、そういう問題が広がっているということは明らかです。

私は当時、現在の大学ではなく、愛媛の松山大学で教えておりました。すぐ近くにある国立の愛媛大学でも、教職課程の科目を教えておりました。そこで予定を変更して、夏休みに奨学金について勉強して、教職課程の科目で奨学金の授業を行いました。出席者は約100名です。普段の講義と全く違いました。寝ている学生がゼロです。普段から寝かさないように努力をしているんですけど、100名の講義であれば80名も集中して聴いてもらえれば結構成功です。しかし、そのときは百発百中、全員が真剣に聞いていました。「いつもこうだったらよかったのに」と思いました。私は講義のときに必ずコメントペーパーを配って、その紙に自分の講義についての質問や意見を書いてもらう形で講義を行い、できるだけ一方的な講義にならないように工夫をしています。このコメントペーパーも違いました。愛媛大学で教職を取っている学生は平均的な学生より真面目ですから、普段から割と丁寧に書いてくれるのですけど、その奨学金の講義のときには普段の2倍～3倍の量の文章を書くんですね。一番驚いたのは、表で終わらずに裏に突入する学生がいっぱいいました。それは当時、大学教員13年目で初めてのことでした。

私も自分の予想は甘かったなと痛感しました。自分の頃の国立大学の授業料は年間30万円、利用した奨学金は月2万円台でした。上がったといっても、月に5万円程度かと思っていたんですね。しかし学生の文章を読むと、月に8万、10万、12万という学生が大量におりました。しかも100名の受講生のうち、半分以上が利用しているということが分かりました。とても驚きましたので、次の講義も奨学金、その次の講義も奨学金で行いました。学生から「奨学金の講義をしてほしい」というリクエストが絶えないんです。しかし、このままだと奨学金だけで終わっちゃいますから、3回目の90分の講義を60分で打ち切って、学生とのディスカッションにしました。私から「これだけの返済額をどうするの」と尋ねると学生は「不安で仕方がありません」と答えました。別の学生に「どうするの」と尋ねると別の学生は「頑張ります」と言うので、私が「頑張っても返せなかったら」と尋ねる、というようなやり取りが続きました。私が「不安におびえているだけでは何も解決しないでしょう」と発言し、「何とかしたいんだったら、会をつくりなさい」と続けて伝えました。こうして私の授業時間中に「愛媛大学　学費と奨学金を考える会」が結成されました。この会は、私の講演会や学内でのチラシまきや、あるいは奨学金の学習会など、さまざまな活動をしました。このことが私の現在の活動の原点になっています。

私は2011年の4月に、愛媛の松山大学から愛知の中京大学に異動しました。ここでも奨学金の講義はするつもりでしたが、同じようにうまくいくかどうか不安を感じていました。愛媛県というのは、1人当たりの県民所得が47都道府県のなかでも下位に入る経済的に厳しい県です。それに対して愛知県は、1人当たりの県民所得が東京に次いで2番目の、とても経済的に豊かな県です。

ですから同じ話をしても、「自分には関係ない」という反応があるんじゃないかと予想しました。しかし、その予想は簡単に覆りました。まだ講義は始まってなかったのですが、大学のキャンパスに行く機会がありました。すると、中庭に学生がいっぱいいるんですね。ばらばらにじゃなく並んでいるんです。並んでいるんですけど、用事があるのは中庭じゃありません。行列の前のほうは建物の中に入っています。建物はガラス張りですから中が見えて、階段にまで学生の列が続いていることが分かりました。2階、3階、4階。先頭は4階なんですね。どうやら4階の教室から階段を下りてきて中庭に出てきている。すごい数なんです。私は、時期も時期なんで、最初は「健康診断かな？」と思ったんですけど、男女が一緒なのでおかしいと思って、1人の学生に、「なんで並んでいるの」と聞きました。すると一言、「奨学金の説明会です」と答えが返ってきました。

これで分かりました。地域による差はないわけではないんでしょうけど、奨学金を大量に借りているという点では、全国どこも同じだということです。私の頃と最も違うのは、私の頃は奨学金の説明会は、学部を超え、学年を超え、1カ所で行っていました。しかし今、ほとんどの大学で学部別、学年別です。例えば早稲田大学の学生は約4万人。奨学金利用者は1万人を上回るでしょう。早稲田大学にも1万人の学生が入れる教室はないでしょう。ですから、絶対に学部別、学年別です。恐らく日本の四年制大学780校のうち、ほとんどの大学で学生が一番集まるのは文化祭ではありません。奨学金説明会です。それが分からないのであれば、現在の学生のことを何も分かっていないということになります。

私は「奨学金問題対策全国会議」の最初の集会のときに、NHKをはじめ全国からメディアが集まっている前で言いました。「皆さんがたはいつまで大学生が遊んでいるとか、お金があるとか、誤った報道を繰り返しているんですか」と。「奨学金説明会を映してください」と言いました。実際、NHKの奨学金番組は、筑波大学の奨学金説明会のシーンから始まりました。あれでいいんです。あれだけ多くの学生が多額の金を借りなければ学部、大学院で学べないということを知るだけでも、現在の学生に対する初歩的な誤解がなくなると思います。私が出ていった後の愛媛大学の奨学金説明会は、当時、学内で大きなロビーで説明会を行ったのですが、机と椅子が足らなくなりました。それは前の年を大幅に上回ったということです。中京大学の講義でも、奨学金についてはとても強い関心が持たれました。2011年の11月23日、『教育の機会均等を作る「奨学金」制度の実現をめざすシンポジウム』に参加して、それが5日後の東京新聞に取り上げられてから今日に至るまで、私はテレビ、新聞、週刊誌の取材を受けない週は一週もありません。今週も既にありましたし、来週も決まっています。こんなことは初めてのことです。それは今日、これからお話しする奨学金の問題が、単に学生がお金を借りているという問題ではなくて、この国の大学と社会の将来を決定するぐらい重要な問題であることに、メディアが気付いたからだと思います。

2. 奨学金制度の歴史と現在

2番目です。奨学金制度の歴史と現在です。この奨学金について、なぜこんなに重要なのに問題の発見が遅れたのか。それは、奨学金と学費についてとてつもない世代間ギャップがあるからだと思います。恐らく、50代以上で特に奨学金について学んでいない方は、何が何だか分からないくらいだと思います。この間も私は講演で現在の奨学金制度の話をしたのに、私より年上の50代後半の方が私に向かって、「育英会、育英会」と繰り返し言うんです。「育英会はもうありません！」。つまり、育英会感覚が染み付いているのです。大事な問題は、日本育英会のときと現在の日本学生支援機構では、奨学金の制度もそれを取り巻く状況もすっかり変わっているということです。このことが分からなければ、問題の理解に達することはできません。ですから私はこの数年間、この奨学金制度と奨学金を取り巻く状況がどこまで根本的に変わったのかということを伝えることに努力してきました。

現在の大学生の奨学金の大半を占めているのが、日本育英会ではありません、日本学生支援機構の奨学金です。日本学生支援機構の奨学金は2種類あります。第一種奨学金と第二種の奨学金です。第一種が無利息の奨学金、第二種が利息付きの奨学金です。2017年度入学者の貸与月額は、第一種は国公立と私立、自宅、自宅外で違っていまして、国公立の自宅通学が月4万5,000円、自宅外が5万1,000円。私立の自宅通学が5万4,000円、自宅外が6万4,000円。それ以外に3万円を選択することも可能です。第二種は、国公立と私立、自宅、自宅外の違いはありませんで、月に3万、5万、8万、10万、12万となっています。

一昨日、私の所に相談に来た名古屋の学生は、第一種6万4,000円と、第二種12万円を両方借りて、月に借りている額が18万4,000円です。18万4,000円借りますと、返済総額は1,000万円を超えます。今年に入ってから、この1,000万超えの相談は20件を超えています。私の所に相談に来るのは氷山の一角ですから、全国でどれだけ多くの学生が1,000万以上の借金を背負っているかということを予測すると、大変なことだと思います。大学院の上限が月に15万。法科大学院の上限が月に22万となっています。なんでこんなことになったのか。それは奨学金制度が悪化に悪化の一途、あるいは金融化の一途をたどってきたからです。

かつて日本学生支援機構の前身、日本育英会の奨学金には利子付きはありませんでした。全て無利子でした。有利子が導入されたのは、今から34年前です。1984年に日本育英会法が変えられて、初めて有利子枠が導入されました。当時は時代が今よりずっとまともでしたから、「奨学金に利子が付くのは何事か」という反対運動がありました。しかし、その反対運動を押し切って、政府与党が奨学金に有利子貸与枠を導入しました。反対があったので、次のような附帯決議がなされました。「育英奨学事業は、無利子貸与制度を根幹として、その充実、改善に努めるとともに、有利子貸与制度は、その補完装置とし、財政が好転した場合には廃止等を含めて検討する」となっていました。しかし、この附帯決議は守られませんでした。政府は大学の学費を引き上げる一方、1999年に財政投融資と財政投融資機関債の資金で運用する有利子貸与制度をつくり、一般財源の無利子を拡大せずに、有利子枠のみ、その後の10年間で約10倍に拡大させました。2007年度以降は民間資金の導入も始まりました。民間資金とは銀行、証券会社など金融機関です。金融機関が奨学金という名前で金を貸し出して大きな利益を上げていることを、借りている本人も、保護者も、関係者も分かっていなかった、あるいは重要視していませんでした。だからこんな制度が放っておかれたのだと思います。

図表1、図表2を見てください。1998年以降、無利子の枠はほとんど増えず、有利子枠のみどんどん増えていることが分かると思います。1998年の利用者は無利子39万、有利子11万、計50万人でした。今から20年前、つまり現在40代ぐらいの方も、「ああ、育英会の奨学金って無利子だから便利よね」という印

図表1　日本学生支援機構奨学金貸与人員数の推移

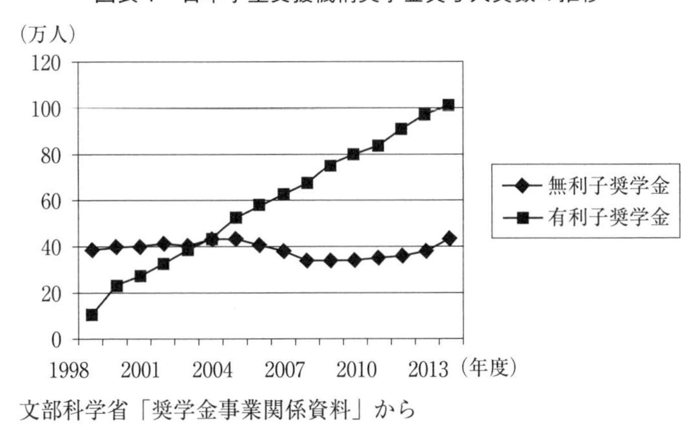

文部科学省「奨学金事業関係資料」から

図表2　日本学生支援機構奨学金事業費の推移

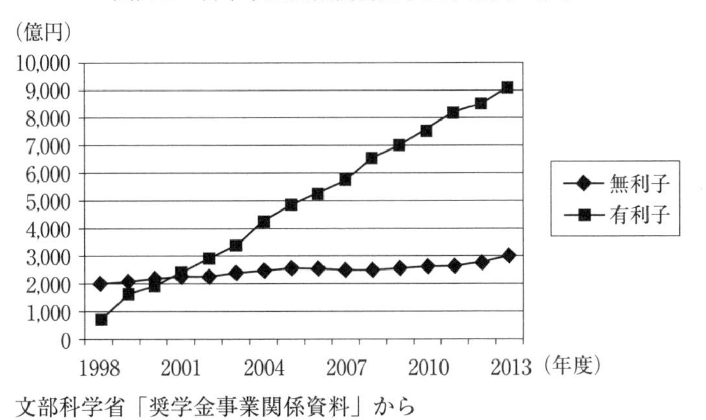

文部科学省「奨学金事業関係資料」から

象を持っています。しかし、そんなことを現在の学生に言ったら、全く違います。2012年の利用者は無利子38万、有利子96万で計134万人です。圧倒的多数が有利子、つまり卒業後に借りた以上の金を返さなければなりません。

無利子制度の希望者は近年、毎年増加していますが、枠が少ないために本当に多くが不採用となってきました。日本学生支援機構の奨学金は、本人の成績と親の年収で基準が定められています。基準を満たしていても通りません。なぜか。枠が少ないからです。本人が成績を取っていて、親の年収が基準を満たしているんですから、本人は何も悪くありません。枠が少ないことが問題なんです。小学校、中学校、高校の教員が免除の制度は1998年に、初めに述べたように既に廃止されました。2004年に日本育英会は廃止され独立行政法人日本学生支援機構となり、そのとき、われわれ大学などでの研究職も免除職ではなくなりました。われわれは大変ですよ。ほとんどの人は学部4年、修士2年、博士3年、計9年です。この間お会いした熊本の大学の女性の先生、1年目で32歳の方ですが、奨学金の利用額が約1,400万円。最初の給料から7万1,000円引かれたそうです。

既にこの話をしてしまっていますが、奨学金の返済が大変であるということが、いかに世界標準からかけ離れているかということも、ずっと訴えてきました。私は今日の講演とほぼ同じ内容の講演を、アメリカのニューヨークで行いました。私が講演を終わった瞬間に、ニューヨークの大学院生の手が挙がりました。なんて言われたか。簡単でした。一言です。「It is loan.」。私は、「Yes. I think so too, but it is called scholarship in Japan.」と答えました。ローンだと言われたから、うん、私もそう思うと。しかし、これが日本ではスカラシップ、奨学金と呼ばれているんだと答えました。

ここに最大の問題が隠れています。英語のscholarshipまたはgrantっていうのは、動詞はgetあるいはreceive、つまり給付ですよ。しかし日本は奨学金の名前で、ついこの間までは貸与のみでやってきました。「奨学金は借りることが当たり前」「借りたものは返すのが当たり前」という議論がまかり通っています。いやいや、奨学金は借りるものではないのが世界標準です。そのことが日本で知られていないということを伝えるのが大事だと考えました。世界中、返済が必要なものは全部、student loan です。しかし、日本はそれを奨学金の名前でやっているということが大変な問題です。だから、レジュメの次の項目の「奨学金返済の困難」というのは、そのままでは英訳できません。私は必ず student loan、学生ローン返済の困難と言い換えます。そうでないと世界では通じません。

第一種奨学金は返還額が毎月1万5,000円以内に収まるように設定されています。自宅から国立だと月に4万5,000円。1万2,857円を13年ですね。いろんな学生がいるんですけど、ある学生たちはこの返済の大変さがなかなか分かりません。これは私が教えている学生たちが、日本で最も自宅通学率が高い愛知県ということも影響しています。学生の経済状況はどんどん深刻になっていますけれども、まだ今のところ、学費については自分よりも親が支払うことが多い。また、自宅から通学する場合に生活費、光熱費などは親が負担することのほうが多い。恐らくあと10年でこの構図も変わってしまうでしょう。高校生のアルバイトは、もう地域によっては半数以上が家計補助ですから。高校生は自分のためではなくて親を助けるために働いています。しかし、大学生の場合は、それはまだ少数派でしょう。ということは、今のところ家から通っていれば、学費や生活費は親が支えることのほうが多い。

後で述べるように、多くはブラックバイトなんですけれども、例えば愛知県で月に3万円～4万円アルバイトで稼ぐことはそんなに難しくない。そうすると、この1万円台が何とかなるんじゃないかという、信じられない誤解をする学生が出てきます。だから私は、必ず学生に紙を配って、卒業後の家計簿シミュレーションをやらせます。月に正規19万、非正規13万で計算させます。すぐに学生の無理解が分かります。19万で計算するんですね。「何言っているんだ、19万で計算しちゃ駄目だろ」と私が言うと、学生から「なんでですか」と質問が出ます。私が「税込みと手取りは違うだろ」と言うと、「税込みってなんですか。手取りってなんですか」という質問が学生から毎年出ます。

税込みと手取りの違いを知らない学生が500万、1,000万借りているんですよ。恐ろしいと思いませんか。私はそういう中から所得税だろ、住民税だろ、年金だろ、保険だろと言っていきます。学生の計算式と顔色がどんどん変わっていきます。この1万円台でも13万だとほぼアウト。19万の正規でも、自宅外通勤であれば赤字となる学生が出てきます。正規で自宅通勤の場合に何とかなる人が多いという感じですね。しかし、これは良い方ですね。過半数は第二種です。10万円ですと借りた総額は480万。上限3%だったら645万。固定率0.82でも522万です。この場合ですと月の返済額が2万円を超えます。こうなりますと、どんな節約生活をしても非正規の場合は赤字です。正規で自宅外通勤の場合も赤字が多数派です。さらに、正規で自宅通勤でも赤字の人が出てきます。そうすると、この時点で学生の過半数がアウトということになります。学生が私の講義を聴く態度は、がぜん真剣になります。また一番面白いのは、ほぼ全ての学生が私の運動を応援するようになります。「先生頑張ってくれ」みたいなね。面白いですね。

ここで問題があります。増えたといっても奨学金利用者は全体で約52%。逆に考えれば48%は利用しておりません。本来であれば全体の52%が利用しているということは重要な社会問題ですから、そのように認識してもらいたいんですけど、今の学生たちは、今の世の中の悪しき風潮に影響を受けています。学生を責めているんじゃありませんよ。世の中の風潮がまずいんですね。今の風潮っていうのは一言で言って、「今だけ、金だけ、自分だけ」です。つまり「自分だけだ」とすれば、自分が借りてなければラッキーと思う。「あいつの話は関係ない」「自分は奨学金を借りていないから良かった」という学生が出てきてもおかしくはないわけです。そうすると、50数%の奨学金を利用している学生は私の講義を真剣に聴き、残りの利用していない学生は真剣に聴かないということになります。しかし、そんなことはありません。この春学期も全員真剣に聴いていました。私は必ず言います。「奨学金を利用していない人も、将来、結婚する相手が利用しているかもしれないよ」と言うと、寝ている学生が目を覚まします。この間も3人ぐらい椅子から倒れていました。「びっくりした」とか言って。しかも、当たる可能性は約2分の1です。私はこの問題に気が付いた瞬間、これは、結婚はできなくなるなというふうに思いました。既に私のゼミの出身で、これが理由で結婚できなくなったカップルが登場しています。

しかし私は研究者ですから、こんな経験談では駄目で、この奨学金返済がどれだけ結婚の妨げになっているかを調べる必要があるんですけど、これがなかなか大変なんですね。結婚に至ったカップルはサンプルがすぐ見つかるんですけど、結婚に至らなかったカップルってどう見つけるんでしょうね。大変難しいです。しかし私は自分の仮説に自信を持っています。皆さん、インターネットのYahoo! 知恵袋っていうページをご存じでしょうか。そこの質問のコーナーに、奨学金、そして一字空けて、結婚と入力してください。大量の質問がヒットします。『私は一切借りていないが、彼は大学までの奨学金の返済が残っている。両親と祖父母が、おまえは借金と結婚するのかと言って、私の結婚に頑として反対するんですが、どうしたらいいでしょうか』、『自分が500万、彼女が800万。合わせて1,300万の奨学金返済が残っている。怖くて結婚に踏み切れないが、一体どうしたらいいでしょうか』など、生々しい質問が大量にヒットします。

私は、名古屋駅近くの喫茶店でカップルがこの問題でもめているのを耳にしたことがあります。大声で言っているので聞こえてきたんですね。女性が、「月4万5,000円なんて無理よ」と言っていました。地下鉄ではもう5、6回聞いています。町中でそんな会話があふれているんですね。卒業生に聞いたら、卒業して4年後の同窓会の話題は奨学金から始まったそうです。大変な問題になっていますね。結婚が大変なんですから、出産、育児については説明を省略していいですね。政府は少子化担当大臣を置いていますけれども、この奨学金制度をこのまま放っておいたら、少子化は100%解決しないと断言します。返済に20年かかりますので、早く子どもを産みますと、自分の奨学金の返済が終わらないうちに自分の子どもが大学生になります。ゼミでディベートしました。月に3万～4万台の奨学金の返済ができるかどうか。ゼミ生12名で、返済できる6人、返済できない6人に分かれてディベートができました。でも、この月3万～4万の奨学金返済をしながら子どもが育てられるかという設問にしたら、12対ゼロ。全員ができないほうに回っちゃったんで、ディベートになりませんでした。これが日本の将来の姿ではないでしょうか。

しかも、一部でも返さなければ、ついこの間までは年利10%の延滞金が加算されていました。480万だと年間48万、2年間で96万以上、3年間で144万以上、借りた金額に上乗せされます。延滞金発生後の支払いでは、お金はまず延滞金の支払いに充当され、次いで利息、そして、最後に元本です。ですから、元本がなかなか減りません。元本の10％以上のお金が出せなければ、半永久的に延滞金を支払い続けることになります。われわれが行った電話相談で、60歳を超えているのに学部時代の奨学金返済が終わっていないという相談がありました。聞いてみると、借りたお金の5倍以上も払っているんです。なんでこういうことになるか、延滞金ばっかり払っているから元金が減っていないんですね。「借りたお金を返すのは当たり前」というレベルの話ではありません。借りたお金の5倍以上払っても終わらないような制度のあり方がまずは問われなければいけません。このような状況になっています。

さらにまずいのは、この延滞金の利子はどこにいっているかということですね。日本学生支援機構は必ず言います。「一生懸命返しなさい。君たちの返したお金は、これから利用する学生の原資になる」と言っています。うそです。原資にするんだったら、素直に元本から返せばいい話なんですね。なぜ延滞金と利子からかというと、延滞金と利子でもうかる所に便宜を図っている。それが金融機関と債権回収専門会社です。ですから、現在の奨学金事業は教育事業ではなく金融事業であり、かつ若者を食い物にする貧困ビジネスであると考えています。

こういう状況に加えて、この間の学生のついこの間までの就職の困難、あるいは近年の就職は改善したように見えても、実際には若年層の実質賃金が上がっていないという状況が加わります。例えば、1990年代のバブル崩壊で就職率が低下しましたから、失業や非正規が増えました。また、就職率が上がったとはいっても「名ばかり正規」が増加しています。この間、失業、無職の増加、非正規雇用の増加、あるいは正規になったのにボーナスがない、年功賃金がない、退職金がないという「名ばかり正規」「義務だけ正規」と呼ばれる周辺的正規労働者が増えています。ですから奨学金は、わざと返さないんじゃなくって、返そうと思っても返せないのが現実です。滞納者の増加、滞納額の増加、あるいはブラックリスト化。さらには裁判所からの支払い督促ということが続いています。ですから、若い人たちが、借りた奨学金を返せないという形でこの問題は社会問題化してきました。

3. ブラックバイト問題の浮上から奨学金制度改善の動きへ

つまり、今日の話は奨学金がいいとか悪いとかいう段階ではなく、私は奨学金が奨学金になっていないところが問題だと考えています。奨学金という名のローン、奨学金という名の借金になっている。第１に適格者が無利子奨学金を得ていない。第２に卒業後の返済が困難で、結婚できない、出産できない、子育てできない。３つ目、将来の返済不安から奨学金を借りることを抑制する。先ほど、卒業後の返済にリアリティーがない学生がいると言いました。その一方で、卒業後の返済をとても心配している学生や保護者もいます。そういう人たちは、奨学金を利用しないとか、あるいは利用するとしても、その額を減らそうとします。借金が少なくなるんだから賢明ではないかと思われるかもしれませんが、そうはいきません。経済的に余裕があればいいんですけど、そうでない場合には、そうした学生のほとんどが「バイト漬け」生活を強いられます。これが、私が奨学金問題に取り組んで本当に思わぬ副産物となった「ブラックバイト」問題です。私も自分がつくった言葉が流行語になったのは生まれて初めてです。自分のつくった言葉でNHKの『クローズアップ現代』に出るとは思いませんでした。

ブラックバイトの定義です。「学生であることを尊重しないアルバイトのこと。フリーターの増加や非正規雇用労働の基幹化が進むなかで登場した。低賃金であるにもかかわらず、正規雇用労働者並みの義務やノルマを課されたり、学生生活に支障を来すほどの重労働を強いられることが多い」。この定義に従って全国の大学生約5,000人に調査を行って、そのうちの約７割がブラックバイトを経験しているというデータを出しました。その定義に従って、私と今野晴貴さんが、2015年に『ブラックバイト』という本を出しました。次に、今度はなんであんな劣悪なアルバイトに大学生や高校生がはまり込んでしまうのか、ということを書いたのが、この『ブラックバイトに騙されるな！』という本です。今日も会場の受付の所で売っていただいているんですけど、ぜひとも大学教育に関わる方には読んでいただきたいんですね。私も自分のアルバイトの経験がありますが、信じられない例が多数登場します。この本は学生から聞いた話を元にして構成しています。まずは実際に彼らがどんな労働現場で働いているのか。あんなに安い賃金でどれだけの責任を負わされているのか。どれだけのペナルティーを科されているか、などが分からないと学生の教育は難しいと思います。

後でもお話ししますけれど、アルバイトのときの学生の様子は、大学では分かりにくいです。目の前でアルバイトをやっていませんからね。でも、彼らの生活においてアルバイトがここまで重要になっている以上、これを抜きに大学教育を考えるというのは無理だと思います。うちの大学は誰もやっていないという所があれば別ですよ。あったとしても、それはとても例外的な大学でしょう。日本中のほとんどの大学で、学生がアルバイトをしていることは明らかなんですから。まずは彼らがどんな状況で働いているかを知ることが重要です。

私は、新聞テレビその他で、この問題については頻繁に言ってきましたから、皆さんがたにもいろんな形で、どんな劣悪なアルバイトが広がっているかということは、ある程度伝わっていると思います。例えば、家庭教師のある企業に登録していて、あまりにも労働条件がひどいから辞めると言ったら、損害賠償を請求された。その額50万円。その50万円という相談を私が受けたのはその人で3人目でした。契約書に50万円の賠償と記載されているから「もう駄目なんじゃないですか」と、学生が青ざめて私のところに来るわけですね。私が「いくらその契約書に名前を書いて印鑑を押していても、こういう公序良俗に反する内容は無効なんだよ」と教えて、後で紹介します「ブラックバイト対策弁護団あいち」の弁護士につなぎましたから、事なきを得ました。でも、そういう学生は多数派ではありませんから、そういう損害賠償の請求をされて辞めることをとどまるとか、あるいはお金を払ってしまっている学生はいると思います。

2つ目、コンビニですね。以前からコンビニにノルマはありましたけれど、高校生や大学生のアルバイトにノルマを課して、そのノルマを達成できなかった場合にはその商品を強制的に買い取らせるということがこんなに普及したのは、近年のことだと思います。おでん50個のノルマはなかなかきついですね。売れ残った分は買い取りです。クリスマスにケーキ20個のノルマ。17個余れば、17個買えっていわれるんですね。おせち10個のノルマを課されて、8個余りました。1個2万円ですからね。2×8＝16万円も払ってしまったらバイトの賃金をすべて失ってしまいます。こういうことが次々と起こっています。

3つ目、アパレルですね。アパレルは、これは業界では有名ですけれども、労働者が働いているときに着る服はその店のブランドの、そのとき店頭で売っている商品を着るということになっている場合がとても多いのです。また、その働くときに着る服は、働き手自身が自分で買うことが事実上強制されています。私が知ったケースは高校2年生なんですけれど、働いている時に着る服を買います。見えない所はいいんですけれど、外から見える所は上から下まで全部です。だから、お金がかなりかかります。それから、連日働く場合もあるので1着で済みません。2カ月目になったら、店頭の商品の入れ替えがあったので、別の服を買う。3カ月目、また入れ替えがあったので別の服を買う。4カ月目、また入れ替えがあったので別の服を買ったために、4カ月間、給料をほとんどもらっていないという相談でした。こういうことが起こっています。

家庭教師、コンビニ、アパレルなどの具体例を私がテレビやラジオで紹介すると、電話が鳴りっぱなし、メールが来っぱなしです。なぜか。自分の所も同じだって連絡が来るからですね。今のマスメディアでも、ちゃんと調べればそういうことが起こっていることは事実ですから、アルバイトの悲惨な現実についてはかなり伝わりました。ただ問題なのは、ブラックバイトが生み出された背景や要因をつかむことができていませんでした。私は2013年6月以来、ブラックバイトについて数百回のインタビューを受けましたけれど、ほとんど全部のマスコミ、特に40歳以上のメディア関係者はほぼ100％私にこう言いました。「なんでそんなバイト辞めないんですか。辞めればいいじゃないですか」。私はそれを聞いて、今のメディアの関係者、特に一定年齢以上の人々は、「今の学生のことをなんにも分かっていないんだな」と思いました。辞められるのだったらブラックバイトにならないじゃないですか。

ですから私はそれ以降、「なんで学生はアルバイトが辞められないのか」という、学生にとっては極めて当たり前の話をさまざまな場所でするようになりました。理由は沢山ありますが、主たる理由は3点あります。1点目は大学生の貧困の深刻化です。多分、今日参加の皆さんがたにはこの説明は要らないはずですけれど、確認します。生協の調査、あるいは私大教連の調査を見れば分かりますように、本当に仕送り額は、どんどん減っています。東京でも8万円台、全国で7万円台、低い所で6万円台ですね。10万円を超えるのが普通だった以前とは大違いですね。一番分かりやすいのは、仕送りから家賃を引いてひと月の日数で割ると大体、1日に使える額が出ます。これはついに2016年に790円まで下がり、800円を割りました。1990年には2,460円です。物価はむしろ上がっていますからね。だから、1990年の3分の1未満。現在の学生の購買力は1990年の恐らく4分の1程度でしょう。

私が今の大学に移ってからも一番違うと思うのは、学食の混み具合です。7年前は混んでいましたが、今年は混んでいません。1日に使えるお金が790円です。学食のメニューは安いものでも300円を超えています。ゼミの学生に聞いたら、「あんな高い所、行ったことがない」と言っていました。これは大きな変化ですね。そもそも生協の食堂っていうのは、大学の外で食べるよりも安い値段の設定にして、学生に資する役割を果たしていました。でもそこを利用できない学生が増えている。原則、学校で1円も使わないという学生、今はいっぱいいますよ。学生の貧困化がそこまで来ているという事実は、すべての人の常識にしてもらう必要があります。ですから、私がNHKの番組に出るときも、仕送り額の減少のグラフを絶対出してほしいと訴えました。これを示さなければ、何が変わったか分からないですからね。事実の問題として学生の貧困化は進んでいるのですから、そのことをまずは共有してもらうことが大事だと思います。

図表3は仕送り額の推移です。仕送り額10万円以上が1995年には62.4%から、最近だと3割を切っています。逆に仕送り5万円未満は1桁だったのが、20%を超えています。ゼロも2.0%から8.0%に増加しています。ゼロは分かりますね。おそらくひと月の生活に通常であれば12～13万はかかるでしょう。

図表3　仕送り額の推移

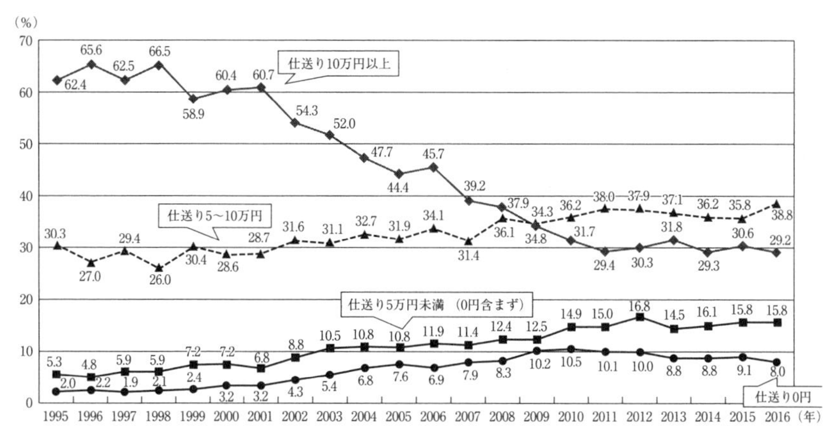

全国大学生活協同組合連合会「学生生活実態調査の概要報告」より

時給800円ですと月の労働時間は150時間必要ですので、一般労働者並みに働くことになります。これでは大学での学習はほぼ不可能だと思います。

全国では8%ですけれど、地域別の調査があって、関西だともっと厳しくて23%に達しているという調査結果も出ています。ということは、4人に1人は仕送りゼロです。こういう状況でアルバイトを辞められるはずはありません。月に5万円も分かりますね。家賃の地域差は大きいですけれど、東京は今でもワンルームの家賃は月に7万〜8万かかります。5万円の仕送りだと家賃にもなりません。ということは、働かなければすぐに部屋から追い出されるという状況です。このことは過去との根本的な違いで、90年代半ばに仕送り10万円以上が多数派だったということは、学費と生活費は、基本的には親が支えていたということを意味します。当時、アルバイトの主たる理由は、趣味とか旅行とかサークルとか、自分で自由に使えるお金を稼ぐためです。それであればバイト先で嫌なことがあったら辞められますよ。しかし、仕送り5万円未満がこんなに増えたということは、相当数の学生のアルバイトの理由が自由に使えるお金ではなくて、それをしなければ大学生活を続けられないお金になっていることを意味します。そうなってくると、バイト先でひどいことがあっても辞められない。以前と同じようにアルバイトをやっているように見えても、その理由が根本的に変わっています。

職場のほうは、その学生たちがバイトを簡単には辞められないということを見抜いています。だから足元を見ていて、損害賠償だ、ノルマだ、罰金だ、未払いだ、責任だ、リーダーだと要求します。ここまで大学の授業終了後の時間をアルバイトに支配されていて、どうやって勉強するんですか。大学の授業外の自主的な学習といっても、そもそもその時間が存在していない学生が多いんですから。私は課題を出すたびに、この課題のせいで学生が倒れてしまうのではないかと心配しています。学生の健康を考えると課題がなかなか出せません。そういうところから出発しなければならないところにまで、学生のアルバイト時間の問題は来ていると思います。

図表4から分かりますように、親の年収はずっと下がっていますし、世帯所得の推移もひどいですね。それから、学生生活費の収入推移は図表5ですけれど、これも家庭からの給付が減っていて、アルバイトや奨学金がそれを補っていないということが分かると思います。

2点目。これについてはすでに説明しました。まともな政府であれば、当然

図表4 労働者年収・世帯所得の推移

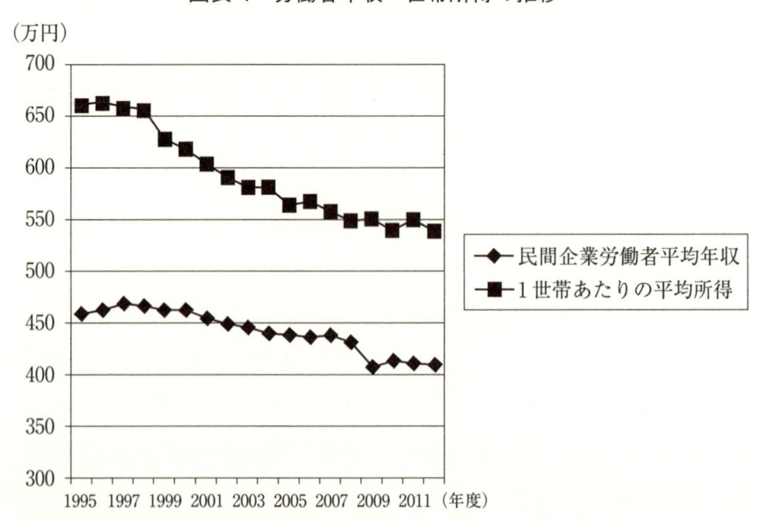

厚生労働省「国民生活基礎調査」、国税庁「民間給与実態統計調査」から

図表５　学生生活費の収入推移

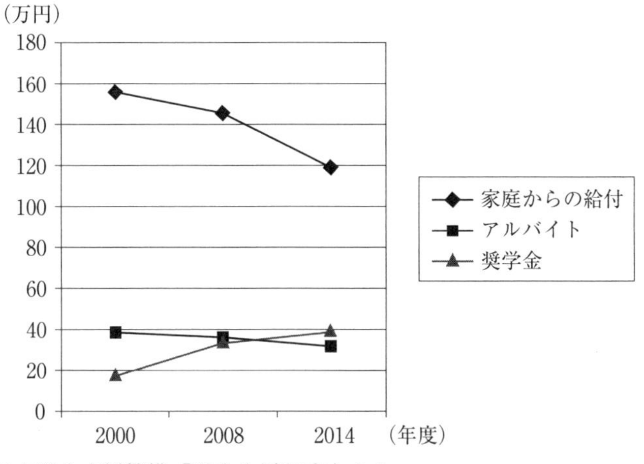

日本学生支援機構「学生生活調査」から

そういうときに奨学金を改善するはずですけれど、日本はまともではありませんから、この間に有利子奨学金を増加させて、学生が返済不要の奨学金を利用できていません。だから経済的な厳しさが続いています。

３点目。非正規雇用労働者の急増による労働市場全体の劣化です。1992年から2012年にかけて、非正規雇用は約２倍に増えました。大体2,000万人です。もう全体の労働者の約40％に達しています。このことが大きな変化をもたらしています。アルバイトがきつかったら違うアルバイトを探せばすぐ見つかるじゃないかという意見がよく出されます。しかし、現在は学生アルバイトの多くがとても厳しい状態に置かれています。

一つはフリーターの登場によるものです。かつては、フリーターは極めて少数でしたから、学生と競合することはあまりありませんでした。今はフリーターが増えています。例えば「フリーター限定」という募集もあります。この場合には学生は応募できません。ですから好き放題には選べません。また、「フリーター限定」の場合でなくても、職場でフリーターと学生アルバイトは競合します。そうすると、学生アルバイトはフリーターと違って学校がありますから、いろいろ融通が利かない場合があります。フリーターは学校がありませんから使い勝手がいい。そうすると、学生アルバイトの側が学生生活と両立させようとすると、大変厳しい状況に置かれる。フリーターよりも使いにくい、と思われてしまいます。今から約30年前に、その日に電話をしても私がアルバイトを休めたのは、それは私が行かなくても職場は成り立っていたからです。今では、非正規の職場での位置付けが違っています。これだけ正規が減少して非正規が増えれば、以前は正規がやっていた責任の重い仕事を非正規が担わざるを得ません。以前は、非正規労働は正規労働の補助労働でしたけれど、今や基幹労働です。バイトリーダー、バイトマネージャー、パート店長。こんな単語を10年前に言ったら変な人と思われましたけれど、今は当たり前になってしまいました。

コントグループ「ウーマンラッシュアワー」のコントで「バイトリーダー」というのがありますが、若者にとても人気です。あれがあんなに受けるのも、バイトリーダーが若者にとってなじみのあるものだからですね。

あるいは職場に正規がいたとしても、それは店長だけのことがあります。しかもその店長は6店舗を兼ねていたりします。その店長は普段はその店にほとんどいませんから、その店長を学生は「エア店長」と呼んでいます。たまに店に来ることは「レア出勤」と呼ばれています。「エア店長」とか「レア出勤」という単語が学生の間で飛び交っていて、そのなかで学生アルバイトが基幹労働を行っていたり、バイトリーダーを務めているという状況を理解することが大事だと思います。

こうした状況に対応するために、私は労働法の専門の弁護士さんたちと一緒に、無料冊子「ブラックバイト対策マニュアル」を作成しました。「ブラック企業対策プロジェクト」のホームページに公開されていて、無料でダウンロードできます。現在では多数の高校、大学でこの冊子が置かれています。これを読むとバイトで困ったときにどうしたらいいのかが分かります。また、「関西学生アルバイトユニオン」をはじめ各地で、ブラックバイト問題に取り組むユニオンが結成されました。また、私がいる愛知県では、全国で唯一のブラックバイト専門の弁護団「ブラックバイト対策弁護団あいち」が結成されました。学生のアルバイトの相談に無料で応じています。「ブラックバイト対策弁護団あいち」が作成したリーフレット「あなたのバイト、ブラックじゃありませんか」は、東海地区の高校生や大学生に大量に配布されています。これをきっかけに、自分のアルバイトがおかしいかどうか気が付くし、また、われわれの弁護団の所に相談に来てくれます。

「ブラックバイト対策弁護団あいち」は、高校とか大学への出前講義もやっていますので、アルバイトに対応して、学生たちに正しいワークルールを伝えるという活動もしています。このブラックバイトの問題は、学生が学びにくくなっているという問題でもあるし、さきほどまで説明した奨学金とも関わっています。日本の奨学金が世界標準の返済不要の奨学金であれば、学生はここまでアルバイトをやらなくてもいいはずです。ですから、ブラックバイト改善のためにも、奨学金の改善は必要です。奨学金制度改善に向けての運動を紹介します。2012年の9月に愛知県の大学生によって、「愛知県 学費と奨学金を考える会」が結成されました。この会には、ホームページとFacebookがあって、見ていただくと学生がどんな活動をしているか分かります。また全国でも、2013年の3月に「奨学金問題対策全国会議」が結成されました。この会にもホームページとFacebookがあって、見ていただくとどんな活動が行われているかが分かります。

この活動をする中でいろいろなことが変わりましたが、最も大きく変わったのはマスコミ報道です。われわれが運動を開始するまでは、「借りた奨学金を返さないなんて最近の若者はなっていない」という内容の、大変無理解な報道が多く行われていました。しかし、われわれが活動を始めてからは、若者がなっていないのではなくて、奨学金制度の側に問題があるという報道が増えました。例えば、有利子貸与が普通になっていることなどです。本人に返済能力がないにもかかわらず無理な取り立てがあること、延滞金が高過ぎることなどです。あるいは若者自身がなっていないのではなく、若者の貧困化に原因があるということが伝わるようになりました。国会でも奨学金制度や日本学生支援機構のあり方について質問や批判が行われるようになりました。

こういう中で、2014年度、早くも制度の改善が進みました。延滞金賦課率が10%から5%に削減され、返還猶予期限が5年から10年に延長されました。

他にもさまざまな制度改善が進み、また、2014年以降は無利子が増加し、有利子が減少しました。この傾向はその後も続いています。まだまだ十分とは言えませんけれども、それまでの悪くなりっぱなしの流れを変えたという点では重要な転換点だったと考えています。また、2015年10月からは、中央労福協と奨学金問題対策全国会議が連携して、「給付型奨学金制度の導入・拡充と教育負担の軽減を求める署名」を開始しました。300万を超える署名が集まり、奨学金運動は全国化しました。2016年の秋からは、「給付型奨学金創設等を求めるアピール」を出し、このアピールを集めている最中の2016年の末に、給付型奨学金制度の導入が実現しました。2017年から一部先行実施され、2018年4月から本格導入となっています。給付型奨学金が本格導入されたとしても、奨学金全体のなかでの割合は少ないですから、私たちは給付型奨学金の大幅拡充へ向けて活動を継続中です。

4. 大学教育と大学生協の今後の役割

次にこれまでの奨学金やブラックバイト問題を踏まえて、大学教育と大学生協の今後の役割に話をつなげたいと思います。今日のお話のポイントは、現在の状況を踏まえて今後どうすべきか、ということですね。ブラックバイトの調査をして分かったことは、大学で学ぶことが本当に難しくなっているということです。学ぶことができなければ、当然大卒労働力の質は低下します。現代の経済において労働力の質はとても重要ですから、労働力の質の低下は、日本経済自体の劣化につながるでしょう。また、非正規労働が基幹化すれば正規雇用が減少し、また、少なくなった正規雇用労働者が無理な労働を強いられます。ブラックバイト問題はアルバイトの問題だけではなくて、ブラック企業の広がりと、大学卒業後の継続就業率が低下するということにつながると思います。近年、就職が良いと言われていますけれども、大学卒業後3年以内の離職率は全く下がっていません。こういう状況で、四年制大学とか短大にはどんな未来が予想されるでしょうか。

皆さんもご承知のように、18歳人口が昨年までは横ばいであったものが今年から減少し、2024年には106万人になることが分かっています。地域によっては高卒の求人が増加し、また、親の所得の低下が影響していると思いますが、専門学校への進学率も堅調です。この間、18歳人口の減少を大学進学率の上昇によって何とか補ってきましたが、大学進学率のこれ以上の上昇は、極めて起こりにくい状況だと言っていいと思います。もしかすると、大学進学率が低下する可能性すらあるでしょう。母数の18歳人口の減少は動かせない。もしこれに大学進学率の低下が加われば、大学にとっては壊滅的な事態が引き起こされます。これは大学生協がどうなるかではなく、日本の大学がどうなるかというレベルの話です。今日お話ししたような、ブラックバイトや奨学金制度の改善をしなければ、多くの四年制大学や短大の存続が困難でしょう。

日本型雇用解体による親の所得減と、若年層の雇用不安定という状況に大学教育は何ができるかということが問われています。どうして日本において学費負担が重い私立大学中心の大衆化が可能だったのか。それは世界でも例外的に急速な経済成長を遂げ、教育費の負担が可能な世帯が大量に増加したからです。しかし、2018年現在においては、それは日本においても一時期だけに起きた特別な現象だったことを踏まえる必要があります。特に、「一定の学校に入れて、一定の企業に入れば生活の安定が保障される」という社会システムは解体してしまっている。このことを考えれば、現在大学で行っているキャリア教育と就職率アップという方策は限界に来ていると思います。

多くの大学で、バイト、ボランティア、インターンが幅を利かせています。私は最近、それぞれの頭文字を取ってBVI症候群と呼んでいます。BVI症候群が大学を覆っています。

バイト、ボランティア、インターンが完全に無駄だと言っているのではありません。しかし、バイト、ボランティア、インターンなどでの経験を過度に重視して、大学で学ぶ知識や学力が空洞化することは、極めて大きな問題です。経験を生かすためには、経験を生かすだけの知識や学習が十分に行われることが必要です。十分に学習できない状況で、バイト、ボランティア、インターンばかりが広がれば、大学教育にとっては危機的な事態だと思います。

こういう深刻な状況のなかで大学がやらなければいけないこと、大学と学生に近い場所にある生協がやらなければいけないことを考えたいと思います。

大学教育にとって重要なこと、それは学生の実態をつかむことです。学生が勉強しないとか、講座に出席しないとか、説明会に参加しないとかいっても、それは一体何が理由なのかを客観的につかむことです。本人がサボっているのか、それともバイトがきつ過ぎるのかでは、それぞれ対処の方法が全く異なります。サボっているのであれば、「ちゃんとやれ」と注意すれば済みますけれども、もしアルバイトのために、本人が来ようと思っても来られないのであれば、アルバイトへの対応や学生の経済状況の改善こそが最優先事項です。先ほど言ったように、大学内ではブラックバイトの姿は見えにくいですから、学生の実態をつかむことが大事です。学生から話を聞くこと、バイトや生活時間について学生の調査をすることが重要です。ブラックバイトについて学び、ブラックバイトについて学生に周知することが大切です。バイトのせいで学べないとか、学生生活を送れない学生が激増している。このことをつかまえなければ、大学教育はうまくいかないと思います。

2つ目が、学生生活の実態をつかんだ上でのサポートですね。サポートするという気持ちは当然重要ですけれど、学生の実態に合わなければ効果が上がりません。ブラックバイトや奨学金についての相談を受けながら、学びやすい環境をつくっていくことが必要です。アクティブラーニングであれ、読書であれ、あるいは自主的な学習であれ、どのような教育方法で行うかということよりも、学生がそれらの教育方法で成果を上げるだけの学習条件が整っていないことの方が大きな問題になっていると思います。

大学に求められている役割としては第1に、キャリア教育の修正が大事だと思います。キャリア教育が大学生の卒業後の進路が困難な中で導入されましたから、就職率を上げることを目標にし、職場に適応することに集中する傾向があります。職場への適応や能力開発は大事ですけれど、一方でひどい職場があるのですから、困ったときに何も対処できないことは大きな問題です。労働法違反の職場に直面したときに何も抵抗できないようなキャリア教育であれば、結局卒業後の学生たちを苦しめることになります。特にブラックバイト、ブラック企業対策においては、労働法の知識は不可欠です。例えばブラックバイト、ブラック企業、労働法などのテーマについての講演会を開催したり、講座を設置するという方法があるでしょう。私は全学共通科目で「職業と社会」という科目を担当しています。この科目は学生にとても人気があります。大学のキャリア支援センターがほとんどやらないことを毎回取り上げています。もう一つのキャリア教育という感じです。学生は就職を決めたいという気持ちが強いのはもちろんですが、もう一方で自分の働く職場は大丈夫だろうかという危機感を持っています。労働法違反であったり、理不尽な職場に出会った時にどう対処すればよいかということを学生に伝えることが大事だと思います。

第２に、「卒業時に正社員にする」ことにエネルギーを集中させる傾向を是正することです。日本型雇用が解体しているにもかかわらず、卒業時に正社員になれるかどうかに、就職支援のエネルギーを集中させる傾向がとても強いのです。しかし、学生本人にとってはその後の人生全体が大事なわけで、卒業時に就職させるだけでなく、その後どうなったかの追跡調査が必要だと思います。

追跡調査を行っている大学もありますが、まだまだ全体としては不十分だと思います。日本型雇用の特徴である終身雇用を前提にしている限り、全く変わってしまっている現状はつかめません。ですから卒業生の調査を行ってデータを集めることが重要ですね。この卒業生の調査に基づいて、卒業後の仕事で一体何が必要なのかという視点から大学教育を考え直すこと、これが大事だと思います。また、離職率の調査をすればブラック企業を発見することができます。ここまで事態が深刻化しているのですから、違法をともなうブラックバイトやブラック企業について、大学全体が何らかの対抗措置を取るべきです。そうでなければ、大学での教育もうまくいかないし、卒業後も彼らを不幸に追い込むことになります。

現状の問題点は、多くの大学において、大学卒という資格に見合った実力を身に付けさせてはいないけれども、取りあえず就職率を上げることに力を入れているという面があります。職場の方は、大学卒業生を採用しても職場は違法だらけで、長期的な視点で人材育成を行っていません。これは当面何とかなっても、長期的には大学の衰退、企業の衰退、日本社会の衰退が引き起こされます。

そうではなくて、新しい大学と職場のあり方を実現することが、大学と職場、日本社会の未来を切り開くことになります。今後の方向性としては、大学の側は優れた教育によって一定レベル以上の学生を送り出すことが大切です。長時間労働ではなく短時間労働で付加価値を上げるためには、高度な知識や思考力が必要です。職場側はブラック企業を根絶し、労働法を守ることが重要です。また大卒については一定以上の処遇を行うことも大切です。特に、東京医科大入試の問題からも見えてきていますように、今後はワークライフバランスへの配慮が強く求められます。出産、子育て期の女性就業への配慮が必要です。子どもを産んだ後に職業が続けられない、あるいは職業を続けながら、子どもを産んで育てられないような状況では、日本社会の未来はないと思います。出生数が1973年の209万人から、2016年には97万人と100万人を割ってしまいました。これは少子化どころではなく、再生産不可能社会の到来だと思います。生産年齢人口が激減すれば、日本経済は持ちこたえられないでしょう。ブラックバイトの根絶、奨学金制度の改善、子育て世代への支援や、私学助成を含む公的な教育予算の増額は不可欠です。教育予算が少ない中で、無理に無理を重ねて維持してきた高等教育システムの構造自体を問い直さなければなりません。大学教育の役割や貢献の「見える」化と、公的教育予算増額を実現するための社会的合意形成が大事です。

こうした高等教育を巡る状況の中で、大学生協の役割を考える必要があります。大学生協の役割は、大学生の困難を踏まえて、丁寧な学生の調査の実施と、学生への情報提供が大事だと思います。奨学金問題については、奨学金についての正確な知識、困ったときの相談先の情報、あるいは奨学金問題についての講演会の実施、返済経験者である卒業生や先輩と現役学生との交流の場づくりなどが考えられます。奨学金が借金になっている現状の問題点を認識することと、過度な心配をしなくても大学生活を送れる見通しをつけることがとても大事だと思います。ブラックバイトについても、バイトやワークルールについての情報提供、ブラックバイト問題や労働問題についての講演会の実施、バイト経験のある卒業生とか先輩と現役学生との交流の場づくりなどを行っていって、働くことを法律の視点から見直すことです。法律違反であるかどうか、あるいは学生バイトにとって過度な責任が負わされていないか。学業と両立させるためにはアルバイトはどれぐらいの時間が望ましいのかについて、学生が見通しを持てることが大切だと思います。

就活の問題もそうで、労働法、労基署の活用の仕方、さらには労働組合の役割ですね。これについての情報提供や講演会の実施、卒業時に正社員になるかどうかだけではなく、長い人生の中で就職を学生が位置付けることができるようになるためのサポート。この辺りをやっていくことですね。私はそれぞれの大学生協の状況は知りませんから、個別の事情には合わないことがあるかもしれません。しかし、学生の貧困化や困難がここまではっきりしてしまっている以上、それについて何らかの対策を行わなければ、全ての取り組みが空回りすると思います。大学の進学率についてのお話をしましたが、ここまで出生数が減っているのですから、教育の私費負担が大きすぎることが少子化を招いていることは明らかです。各家庭が子どもの数を減らして、少数の子どもに教育投資を集中させるという方法をとってきましたが、そのことによって私たちは学生数の激減という状況に直面しています。そのことを考える必要があると思います。当面は大丈夫だ、と思われるかも知れませんが、30年後はどうなるでしょうか。このテーマについて詳しくはシンポジウムの討論の中で深めていきたいと思います。

大学生の困難を解決するためには、大学生協の役割は極めて重要だと思います。ぜひとも力を合わせて大学生の生活の改善や、大学教育の改善を進めていきたいと思います。私の話は以上です。どうもありがとうございました。

参考文献

大内裕和『ブラックバイトに騙されるな！』集英社クリエイティブ、2016年
大内裕和『奨学金が日本を滅ぼす』朝日新聞出版、2017年
大内裕和・今野晴貴『ブラックバイト』堀之内出版、2015年
大内裕和・竹信三恵子『「全身○活」時代』青土社、2014年

［報告］

学生生活支援に関わる大学生協の共済事業

寺尾 善喜

1. はじめに

大学生協では学生の病気やケガの保障を中心に、1981年以来「学生どうしがお互いにたすけあう」学生総合共済の事業を行っており、全国で約73.6万人（2018年9月30日現在）の学生が加入しています。また、多発する学生の賠償事故等、学生生活のリスクに総合的に備えるための保険をおすすめしています。全国大学生協共済生活協同組合連合会（大学生協共済連）では、こうした「大学生協の保障制度」（学生総合共済とおすすめする保険）の共済金及び保険金支払いの実績データを分析してまとめ、年次報告書を『大学生協の保障制度からみた大学生の病気・ケガ・事故』として公表しています。

大学生協の共済事業の「給付事例」すなわち共済金及び保険金の支払い事例を通じて、現代の大学生を取り巻く学業継続を妨げる様々な要因の中から、特にメンタル疾患について考えます。そして、学生生活支援に関わる「大学生のためのセーフティーネット」の一つとしての共済事業の役割の発揮について、学生の学業継続への貢献と、社会人基礎力の養成につながる学びの効果という2つの視点から報告します。また、大学生協の共済事業では対応できない領域について、学生も含めた寄付で運営しているユニークな「勉学援助制度」についても紹介します。

2. 大学生協の共済事業が学生の学業継続に貢献するという視点

（1） 学業継続を妨げる要因の一つとしてのメンタル疾患

2017年度（2017年4月1日～2018年3月31日）の学生総合共済（生命共済）の死亡共済金のお支払実績ですが、1年間で132件のうち、死亡原因の第1位が64件の自殺でした。本人死亡の原因の約２人に１人（48.5%）が自殺であったという現実です。自殺については、１年生から２年生より、３年生、４年生、５年生以上の割合が多くなる傾向が現れています。さらに、精神障がいによる死亡件数は15件（11.4%）あり、自殺＋精神障がい＝59.9%にも達しています。学生総合共済の生命共済の総加入者数は、日本の全学生約290万人の２割強の67万人ですので、共済事業報告の数値を５倍すれば、おおむね全学生の傾向を把握できるとも考えられます。少なく見込んでも、79件×５倍＝395

図表１　死亡原因（支払件数、割合）

死亡原因	支払件数	割合
自殺	64件	48.5%
精神障がい	15件	11.4%
交通事故	15件	11.4%
腫瘍（新生物）	12件	9.1%
日常生活中の事故	8件	6.0%
スポーツ事故	5件	3.8%
その他の病気	13件	9.8%
合計	132件	100.0%

大学生協共済連「大学生の病気・ケガ・事故」から

図表２　死亡（原因内訳）学年別

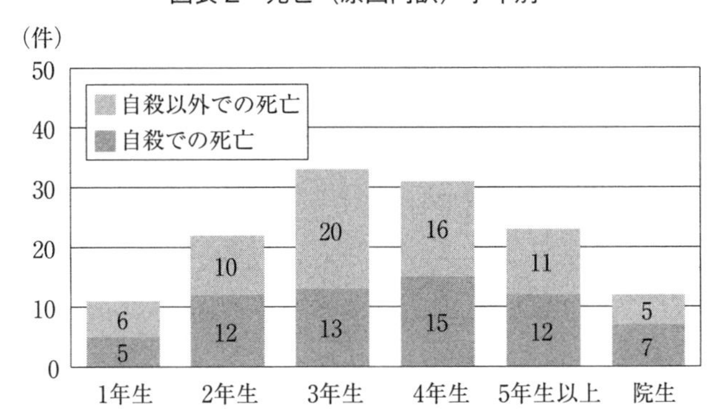

大学生協共済連「大学生の病気・ケガ・事故」から

件の学生が1年間で、自殺も含めたメンタル疾患で命を落としているとも考えられます。

また、精神障がいによる入院に対するお支払実績も399件（2017年度実績）あり、いったん入院すると平均入院日数は54.4日で、精神障がいを除く病気の平均入院日数9.1日の約6倍と非常に長く、医療費の負担も深刻な状況で、入院が原因で大学を辞めざるを得なくなった学生も少なくありません。学生総合共済（生命共済）では、メンタル疾患に関わる病気入院の保障を通じて、学生の学業復帰のための支援を行っています。

（2）学生総合共済の付帯サービスを通じた学業継続の支援

大学生協共済連では、学生総合共済の加入者の健康に関する相談やこころの悩みにこたえるために「学生生活無料健康相談テレホン」を設置しています。この1年間の相談件数は1,206件で、からだの健康相談が448件に対して、こころの健康相談が758件（全体の62.9%）と相談に占める割合が高い状態が続いています。SNSが全盛のなか、電話でお互いの声を聞きながら、相談者の悩みを聞いて相談員がそれに応えるというスタイルを続けています。こころやからだの専門相談員が年中24時間受付をしており、こころの健康相談の再利用率が69.7%と高い相談窓口になっています。

図表3　相談の傾向（新規利用：219件、再利用：528件、不明：11件）

こころの相談主訴分類	件数	割合	学年別件数					
			1年	2年	3年	4年	大学院	その他
身体症状	59件	7.8%	4件	6件	24件	9件	14件	2件
精神症状	257件	33.9%	27件	27件	74件	44件	59件	26件
人間関係	226件	29.8%	19件	16件	40件	18件	55件	78件
学業の問題（進路等含む）	156件	20.6%	12件	4件	39件	42件	49件	10件
その他	60件	7.9%	9件	8件	11件	11件	8件	13件
合計	758件	100.0%	71件	61件	188件	124件	185件	129件

大学生協共済連「大学生の病気・ケガ・事故」から

また、大学の保健管理施設等でカウンセラーによる相談サービスを利用していたり、心療内科等に通院していたりといった申告も多いことから、複数の相談窓口を利用していることがわかります。電話相談、対面相談等、複数の相談窓口を利用することにより、不登校や引きこもりに至らずにすんでいる学生も多いかもしれません。電話相談では、話しただけで楽になったという言葉をいただくことも多く、孤独や孤立に耐えられない学生をいつでも温かい言葉で迎え入れ、万全の体制で相談を受けられるように取り組んでいます。

（3） 制度改定で「こころの早期対応保障」を新設し「予防的保障」を具体化

メンタル疾患（こころの病）で入院という重篤な事態に至る前の「予防的保障」として、学生が診療費を気にせずに、まずは精神科や心療内科の通院での診療が受けられるように、1共済期間（保障開始日から翌年3月31日まで／最長1年間）に1回の定額（1万円）をお支いする「こころの早期対応保障」（2019年4月1日以降）を新設しました。これは他の学生向け保険にはまだないユニークな保障となっています。学生がこころの病に陥っても、早期の通院診療を促すことを通じて学業を継続できるセーフティーネットになればと考えています。

（4） メンタルヘルスの向上に向けた大学の保健管理施設との連携

大学生協共済連では、「全国大学メンタルヘルス学会」と全国の国公私立大学の保健管理施設で構成される「全国大学保健管理協会」に賛助会員として加入しており、全国の大学の保健管理施設（保健管理センターや学生相談室等）との関係づくりを進めています。今回、全国の保健管理施設の方々のアドバイスをもとに新設した「こころの早期対応保障」を通じて、大学の保健管理施設との連携を大切にして、共に学生のメンタルヘルスの向上のために尽力したいと考えています。

（5）生命共済の加入者を対象に「ストーカー被害見舞金」を新設

今日的な学生を取り巻くリスクに備える制度として、学生総合共済の生命共済加入者全員を対象とした「ストーカー被害見舞金」（2019年4月1日以降）を新設しました。ストーカー被害にあっている学生を、重大な被害から守るために、弁護士相談費用や鍵交換や住み替え、携帯電話番号変更等の費用補てんを行う学生どうしの見舞金制度です。ストーカー被害を警察に届け出た場合、被害拡大予防のための費用を支出した場合に、定額5万円の見舞金を支払うというものです。

ストーカー被害という学生を取り巻くリスクをしっかりととらえ、被害拡大を予防するための見舞金制度を通じて、大学生協の共済事業は学生のためのセーフティーネットでありたいと考えています。

3. 共済事業への参加を通じて学生の社会人基礎力の養成につながる学びの効果の視点

（1）「共済活動の４本柱」は学生の社会人基礎力を育む学びの機会

大学生協の事業と活動のなかで、大学生協共済が担っている役割に、学生が自らを取り巻く「リスク」（すなわち、学生の生命や健康・勉学研究ならびにその環境に望ましくない結果をもたらす可能性）を「自分事」としてとらえ、

図表４　共済活動の４本柱

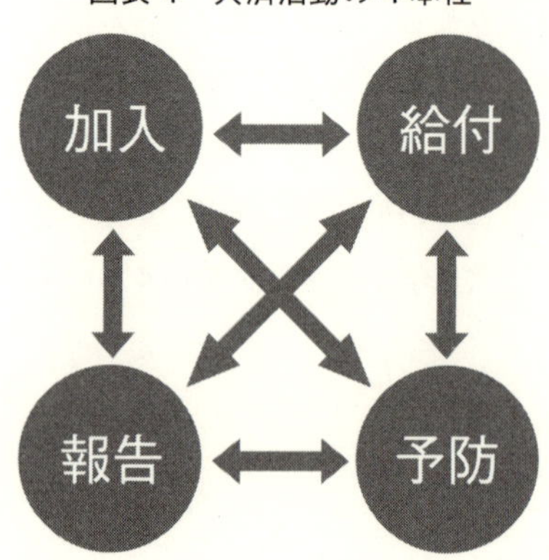

お互いに「参加」意識をもって、リスクへの対処能力（≒リテラシー）を向上させる活動への参加につなげることがあります。大学生が「学生を取り巻くリスク」への対応を基軸にして、「共済活動の４本柱（加入・給付・予防・報告）」の様々な実践場面に関わることには、社会人基礎力を育む学びの機会への参加という意味合いを見いだすことができます。

（２） 給付事例に学び多様な予防活動を旺盛に展開

「給付事例学習会」は学生がリスクの実態を「自分事」に引き寄せて理解し、予防活動につなげる学びの取り組みです。実際に自らの大学のキャンパスで起こった共済金や保険金の支払い事例を学生自身が学びます。そこから、自分が生活するキャンパスで発生する事故の特徴点やリスクの特徴を学生自身が認識をして、その特徴的なリスクを予防するにはどのような予防方法のアプローチがあるか、どのような取り組みができるかを学生主体で考えます。学んだことから、健康チェック企画や食生活相談会、自転車・バイクの安全点検や運転中のヒヤリ・ハット体験をハザードマップに展開する取り組み、イッキ飲み・アルハラ防止や防災・減災の取り組みなどにつなげる豊富な実践例があります。

学生が給付事例の学習から、予防活動につないでいく。そして「学習」と「活動」に参加することを通じて、体験型学習というか、アクティブラーニングを通じて、学生の社会人基礎力、とりわけリスク・リテラシーを育む、そのような取り組みにつながっているのではないかと考えています。

（３）「学生の生活リスク講座」でリスク・リテラシーを育む

全国大学生協連と大学生協共済連は、学生を取り巻く多くのリスクにいっそう関心を持ち、学生のリスク・リテラシーの啓発や向上に貢献したいと考え、学生を取り巻くリスク対応を研究している団体や個人がネットワークをつくり、新たな発想やリスクの防止策を生み出していこうと、2015年６月から、「学生の生活リスク講座」を立ち上げています。取り上げたテーマは、以下の通りです。

- ブラックバイトとブラック企業
- カルトとマインドコントロール
- ネットトラブル
- 自転車事故とスポーツ事故
- 食生活と病気
- 大学生と消費者トラブル
- アルコールハラスメント
- 自然災害・防災
- こころの病
- ドラッグ
- キャンパスハラスメント、などです。

この講座の目指すものは、「学生をリスク弱者にしない」ということです。リスクは平等に学生を襲わない。リスクに強い学生・弱い学生の違いは、知識・経験・ソーシャルサポートの差です。学生には、当事者として主体的にリスクに対応する力を身につけてもらいたいと考えます。大学生協は、共済事業の「給付事例学習」を通じて、学生本人が主体的に「予防活動」を展開することを通じて、当事者である学生にとって必要なリスク・リテラシーを理解し、その涵養を支援します。まずそのことが先にあって、もし万が一の際に学生にリスクが具現化した時には、保障制度を通じた共済金や保険金の支払いも含めた学生支援を行っています。

4. 学業継続を支える大学生協の「勉学援助制度」

ここまで、大学生協の保障制度を中心とした学生のためのセーフティーネットについてご紹介してきました。それでは、保障制度に加入していない学生はどうなるのか？　そこで、保障制度に加入していない学生（組合員）にも学業継続のためのセーフティーネットの一つである「たすけあいの制度」をということで、大学生協連が展開している「勉学援助制度」をご紹介します。大学生協共済連は、この「勉学援助制度」の事務局も担っています。

学生総合共済（生命共済）に加入している学生には、扶養者に万が一のこと（事故死亡や事故重度後遺障がい）があった際には、その後の学業継続のための保障が制度として設定されています。一方で、学生総合共済に加入していない学生も対象にした学業継続のための「勉学援助制度」ということで、扶養者を

図表５　2018 年度の勉学援助制度給付実績（2017 年 10 月～ 2018 年９月）

		2017 年度	2018 年度
応募	応募人数	334 人	369 人
給付	給付人数	206 人	243 人
	給付金額	2,046 万円	2,426 万円
寄付	寄付金額	2,449 万円	2,519 万円

2018 年度は 243 名に 2,426 万円を給付。1992 年に開始以来、総計 3,956 名の学生に６億 86 万円を給付。

病気等で亡くされて、経済的に学業継続が困難になった学生（組合員）に対して、緊急援助として 10 万円を返還不要という形で給付をする制度を運営しています。この財源は全国の大学生協に関わる構成員からの寄付（これには卒業する学生からの寄付も含めて）で運営をしており、1992 年の制度開始以来、3,956 人の学生に、金額にして６億 86 万円の給付をしてきたという制度になっています。共済事業だけではなく、このような「勉学援助制度」もあるということを通じて、学生のセーフティーネットとしての大学生協の事業と活動というところにつながっていることをご紹介したいと思います。なお、この「勉学援助制度」については、財団を設立してさらに給付規模と給付対象を広げ、学生のためのセーフティーネットの制度として普及を進めていく準備をしています。

5. ま　と　め

以上の通り、「学業継続への貢献」と「学生の学びの効果」の２つの視点から、共済事業の報告をさせて頂きました。お読みになられた関係各位の気づきにつながれば幸いに思います。また、大学と大学生協の連携関係、大学教職員と大学生協役職員との協働関係が、「大学生のためのセーフティーネット」の一つとしての共済事業を手掛かりにして、学業継続と学生の成長に強いインパクトを与えていくことにつながるものと確信しています。大学生協は大学運営に関わる各方面の皆さまとご一緒に「大学生のためのセーフティーネット」づくりをさらに進めたいと祈願します。

参考文献

奈良由美子『生活リスクマネジメント』放送大学大学院教材、2017年
大学生協共済連『大学生協の保障制度からみた大学生の病気・ケガ・事故 2017』

［報告］

障害のある学生の支援における大学と大学生協の連携について

船越 高樹

私からは障害のある学生の支援に関する視点でのセーフティーネットについてお話しします。他の皆様は今の日本の社会において、障害のない学生にとってもどれだけ学びにくい状況が広まりつつあるかを、お話されてきたと思います。障害のある人たちに目を移すとどうでしょうか。彼らは元々大学での学び、高等教育の学び自体から排除されていたり、とても学びにくい状況に置かれたりしていた存在です。どうしたら大学で学べるのだろう？ どうしたら支援が受けられるのだろう？ という先人たちの弛まぬ努力が積み重ねられ、やっとここまで法律や制度が整っていく流れが生まれました。その流れが、世界の潮流とも相まって、全国規模で障害のある学生の支援に対する制度設計、システムづくりへと波及しています。それについての話題提供をしていきます。

1. 増えています…障害のある学生

障害のある学生の統計調査は、日本学生支援機構（JASSO）が毎年実施しています。日本学生支援機構というと奨学金のことだけをやっているように思われる方もいるかもしれませんが、障害のある学生の支援分野についてもいろいろな取り組みをしていて、学生支援全般について業務をしている機関です。その調査によると「障害学生」数は、2017（平成29）年度の調査で全国に3万1,204人、割合として全学生数の0.98%、約1%を占めている状況です。障害種別では、病弱、虚弱の人、精神障害、発達障害の人が多くの割合を占めています。ここでいう「障害学生」とは、障害のある学生のうち「大学が障害のある学生であることを把握し、実際に何らかの支援を提供している学生」とされています。

なぜこんなふうに数が増えているのでしょうか。実際のところ、障害のある人が増えているということを明確に示す医学的根拠は示されていません。では、なぜ障害のある学生が増えているように感じるのかというと、障害者権利条約、障害者基本法の改正などに続いて、それと併せる形で日本の初等、中等教育、高等教育における取り組みの改善が進められ、障害のある人たちが学びやすい状況が徐々に整えられてきているからだと言えるかもしれません。アメリカではこの在籍率が10%に到達していますから、障害のある人たちに対する支援体制はよりしっかりと構築されていく必要があることは間違いありません。

大きな転換点となったのは、2016（平成28）年4月の「障害を理由とする差別の解消の推進に関する法律」いわゆる「障害者差別解消法」の施行です。これは、①差別的行為をしてはいけませんということと、②合理的配慮を提供しなければ差別的行為をしたとみなされるということが示されています。「私には障害があります。支援を受けられないと学習がうまくいきません」という学生がいるときや、そういう人たちが社会にいるときに、しっかり周りが手伝って、サポートして、学べないとか、働けないというような状態が生まれないようにしましょうということを広めることも目指した法律として、施行されています。

ではなぜ、障害者権利条約が制定されたところから現在に至り、障害のある学生のために、こういったサポート体制を大学が構築することになったのか。障害のない学生も学びにくさを感じる現代に、大学の予算も削られて大変な状況の中においても、障害のある学生になんでこんなに支援を手厚くしていくことになったのかという話が次のセクションです。

2.「障害の社会モデル」を知っていますか？

突然ですが「障害」はなぜ生じるのでしょうか。

歩けない、見えない、聞こえない、話せない、コミュニケーションが苦手、それらを「機能制限」と言います。そういった、その人にある機能制限が原因でその人が生きにくさを感じているのではないかというところに障害の問題がとらえられてきました。それは「医学モデル」とか、「個人モデル」といわれるとらえ方です。障害をそういったとらえ方で見ると、障害のある人たちが障害のない人たちと同等の生き方をしようとするならば、手術を受けて治しなさいとか、器具を付けなさいとか、リハビリをしなさい、ということだけが求められて、あなた自身が頑張りなさい、努力しなさいということになってしまうのです。

ところが、今の医学の水準では、目が見えない人がどんなに頑張っても目が見えるようになるわけではありません。耳が聞こえない人がどんなに頑張っても耳が聞こえるようになるわけではありません。個人で解決できる領域というのは非常に限られています。そこで、機能制限があることによって社会参加ができない、またはしにくい状態に置かれている人たちが、社会で活躍できるようにするにはどうしたら良いかという議論がなされるようになりました。それが1980年代、イギリスのマイケル・オリバーという人たちが中心になって出された「障害の社会モデル」という考え方です。

障害のある状態は生きていくうちに誰もが体験する可能性があるものです。しかし、誰もがそういうリスクを抱えているにもかかわらず、機能制限が即、生きづらさにつながってしまう状況が世の中に放置されています。目が見えなければ、例えばペーパー試験しか用意されていない入試は受けられないでしょう。そういった人たちに対して「文字が読めないんだったら資料の読み取りができないでしょう。良心から言って、君は大学に進まないほうがいい」などとアドバイスをされることは、これまで平然とどこでも行われていたわけです。

障害のある人たちが一定数いるにもかかわらず、また、誰もがそういうリスクを抱えている状態にあるにもかかわらず、社会の側がそれに対応できるシステムをこれまで作ってこなかった、社会の側のそういう無配慮がバリアになって生きづらさを生み、それこそがまさに障害を生んでいるのだという考え方が、障害をめぐるいろいろな問題の解決を目指すときに示されている「障害の社会モデル」というとらえ方です。

医学モデルは先ほど言ったように障害を個人の問題と考えます。一方、社会モデルは障害を社会が生み出した問題ととらえます。そして、社会の側が機能制限のある人たちの生きづらさに対して、さまざまな対策を講じてこなかった、だから障害がなくならないのだという考え方をします。階段ばかりの校舎を大学に作れば車いすの人は教室に行けません。入試でペーパー試験しか用意しないとするならば、目が見えない人や文字の見えづらい人は途端に入試すら受けられなくなります。障害のある人たちがそういった状況に対し「変更、調整してください」と求めたならば、それを意志の表明といいますが、それを実現できるように関係者が対応し、障害を除去するようにしなければならないということを、障害のある人たちが求められる権利として認めていきましょうという流れが、この社会モデルの提示により生まれました。このときに提供される支援や配慮が「合理的配慮」なのです。

3. 合理的配慮とは何ですか？

どういった配慮が具体的にあるのか、求められているのかということについては、今回は説明できませんが、文部科学省「障害のある学生の修学支援に関する検討会」の第１次まとめ、第２次まとめ、そして日本学生支援機構が刊行している「合理的配慮ハンドブック」に示されていますので、関心のある方はぜひそちらをご覧ください。

ここでは合理的配慮の考え方の基本だけを解説します。まず障害のある人たち、機能制限がある人たちに対して大学は、その人が必要とすること、求めることに対して最大限の努力をして変更と調整をしましょうというのが基本です。人々が求める事柄は個別に違ってきます。配慮について大学側が勝手に決めるのではなくて、その人の求めを聞き、必要性を判断して、個別のニーズにきちんと合わせたものを提供することが求められています。

それでは、大学は求められたことはどんなことでもやらなければいけないのかというとそうではありません。大学にとって過度な負担となると客観的に判断できる場合にはごめんなさいをすることができます。例えば国立大学の後期入試を受け、4月を目前に控えて入学が決まった学生から、1カ月無い中でエレベーターを付けてほしいと求められても、いきなり2,000万、3,000万の費用を用意することや、工事を完了させることは不可能です。そういう場合にはごめんなさいをするわけですが、そういう場合でもただごめんなさいをするだけではだめで、その学生や場合によっては家族を交えての話し合い＝「建設的な対話」の場を持ち、本人や家族が納得できる代替案を追求すべしとされています。例えば、その学生が使う授業の教室を全て1階にしましょうといったことは工夫をすれば可能でしょう。過剰な負担です、無理です、対応できませんと線を引くだけではなく、できる限りのやり方を皆で模索することが求められています。

修学面では何をどこまで求められるのでしょうか。授業や評価に関してはさまざまな変更や調整が求められます。ある学部の先生から成績基準のことでこんなことを言われたことがあります。「船越さん、障害のある学生への合理的配慮っていろいろ言うけどさ、要は評価でおまけすりゃいいんでしょ？ 基準点20点下げるから、それでいい？」と。でもこれは絶対に駄目です。障害のある学生に対し、これほど失礼なことはありません。差別を助長しています。回答としては「成績基準を下げるのではなく、その学生に応じた学び方や評価の仕方に調整や工夫をしてください」と言います。例えばディスカッションができない、コミュニケーションができない学生がいるとします。その授業の目的が「ディスカッション」できるかどうかを評価することではないならば、レポートに課題を置き換えることは可能なはずです。このように評価方法や習得方法が、合理的配慮として変更、調整を求められる事柄に入ります。

4. 大学の支援体制における大学生協の役割

大学では支援を提供するための体制整備が求められます。学生生活支援関連では、保健管理センター、保健センター、保健室といわれる健康面をサポートする機関があり、そしてメンタルケアを実施する学生相談部署もあります。障害のある学生の支援に関連する部署では、授業を担当する先生方と調整をしながら、その学生が勉強しやすいようにするにはどうしたらよいか、どうしたら支援ニーズを満たしつつも、妥当な評価が可能な形に調整できるかなどを、さまざまな情報や意見を取りまとめて、最大限本人の意志を尊重しつつ助言をしていく役割を担っています。

それでは、大学生協は障害のある学生の支援に関連してどのような位置付けになるのでしょうか。大学で障害のある学生とは誰のことを指し、どこまで支援をしなければいけないのかという範囲については、先ほど示した第2次まとめではこのように示されています。「大学等のサービスを利用する学生を中心とした、全ての障害のある人々」が対象であると。学部生や院生とか、研究生とかだけではなくて、大学のサービスを利用する全ての人々なので、シンポジウムとか、大学が提供するプログラムへの参加者、一時的な参加者も含むということになります。対象のサービスには、以前は授業とか実習とか、そういうことだけが対象として検討されていたのですが、2016年3月に出された第2次まとめでは、それとは違う学生の生活面、通学、学内介助、寮生活、下宿などについても大学側が配慮をして、サポートしなければならないと示されました。大学での修学面だけではなく、生活面を支えるという部分には、大学生協との協働によってやっていく部分が非常にたくさんあるはずです。

5. 誰もが学びやすく、充実した学生生活を送ることができる大学づくりと大学生協

生協でどんなことが実際に行われているのか、いくつか紹介します。例えば購買部事業では、障害のある学生の支援に関わった学生に、サポート活動に応じて何ポイント付けるというようにして、それがたまったら購買部で使える金券を渡すというようにしている大学があります。当然、原資は大学が生協に提供するわけですけれども、そういうことをやっている大学がいくつかあります。食堂では、トレーの運搬とか、棚から料理を取れない肢体不自由のある学生さんの支援に対してポイントを付けたりしています。下宿の斡旋についてもそうで、障害のある学生さん向けの物件探しの支援も、大学における支援の一部に

なり得ます。他の地域から入学した学生にとって、特に障害のある学生の住まいを探すのはとても大変です。その時にも生協のサービスは活きてきます。

アルバイトの需要もあります。障害のある学生が一般の企業でアルバイトをするのは難しい場合があります。大学生協によっては、障害のある学生を支援する部署の担当者と協議をしながら、アルバイトを希望する学生を雇用して、業務に取り組ませるということをやっているケースもあります。また、学生委員会という組織活動もあります。オープンキャンパス等で障害のある高校生のサポートが必要なときに、生協の学生委員会が協力をしてやっている大学もあります。

資格取得のための講座、公務員対策講座、語学講座など、生協を通して紹介される講座類でも大学が生協へ協力をお願いすることがあります。課外活動に出かけるときの交通手段や宿泊施設の調整もお願いする機会がありそうです。就職活動についても障害のある学生はさまざまな支援を必要とします。障害のある学生が就労を目指す場合には、プラスアルファのさまざまな情報提供が必要になることがあります。学内インターンシップの場所として、生協さんにお願いをして、一緒にやっていく体制整備を進めている大学もあり、障害のある学生の支援に関連する中でも、いろいろな形で生協へ協力をお願いする、または大学と生協で一緒にやりましょうという項目はたくさんあります。

支援担当者として、障害のある学生が学びやすい大学づくりをいろいろ考えるのですが、障害のある学生さんのためだけの取り組みだけをやっていくと、「また負担が増える」とか、「大変だ、大変だ」という反応を示す教職員が出てきます。しかし、考え方をかえて、障害のある学生さんも学びやすい大学が実現できれば、障害のない学生さんにとってはもっと学びやすい大学になるはずです。学生生活のユニバーサルデザインを考えたときに、大学生協、協同組合が掲げる「そこに所属する者は、教職員や学生かかわらず、一緒に協力をして、文化的な生活の底上げをしていきましょう」という理念には、障害のある学生も当然含まれているわけで、インクルーシブな大学づくりを大学生協と共に進められたらより理想的な形につなげられるのではないかと考えています。

［報告］

全国の実態調査から見えた大学院生の現状

小澤 将也

みなさんは大学院生が普段、どのような生活を送っているのかご存知でしょうか。大学院とは、大学の学部課程の上に設けられ、大学を卒業した者、およびこれと同等以上の学力を有すると認められた者を対象に、学術の理論および応用を教授研究し、文化の発展に寄与することを目的とするものであると学校教育法で定められています。つまり学部課程で学んだ知識や考え方を応用して、さらに深い学術的な研究を行う場所です。ただ、実際にどのように生活しているのか、どのような状況のなかで研究中心の生活を送っているのか、一般的に大学院生の生活はイメージがつかないのではないでしょうか。私自身も大学入学前後の頃には「大学院」と聞いて、漠然と専門性の高い勉強をする場所、研究をする場所というイメージしかありませんでした。ましてや大学院生がどのような生活を送っているのか想像がつきませんでした。ここでは、全国の実態調査から見えた大学院生の現状をお伝えします。

全国大学生活協同組合連合会では3年に1度（2018年より2年に1度）、大学院生の経済的生活、日常生活、研究生活、進路、生協事業のとらえ方などを明らかにし、結果を大学生協の諸活動や事業活動、大学院生の研究生活向上にいかすことを目的に全国院生生活実態調査を実施しています。全国の国公立および私立大学に在籍する修士課程（博士課程前期）・博士課程（博士課程後期）・専門職学位課程の大学院生を対象に調査を行っています。ここでは2016年度に調査した結果（回答数：3,855（国公立：3,514、私立341）（文系：687、理系：2,810、医歯薬系：358）をもとに現状をお伝えします。

1. 大学院生の経済状況

1カ月の生活費に関して（修士課程）、収入、支出ともに3年前から減少しました。収入面では自宅生は「小遣い」が、下宿生は「奨学金」「アルバイト収入」が大きく減少し、支出面では、自宅生・下宿生ともに「貯金・繰越」が大きく減少しました。「奨学金」は敬遠傾向にあり、さらにアルバイト収入も落ち込み、将来に向けての貯金や繰越が困難になっています。

奨学金に関して、全体の46.4%が奨学金を受給しており、3年前から減少しました。そのうち33.5%の人が奨学金を生活費に充てています。また、学部から継続しての貸与型奨学金受給が4人に1人、奨学金受給者の3分の2が返済に不安を感じています。私も学部から大学院まで継続して奨学金を借りてい

図表1　大学院生の収入構成

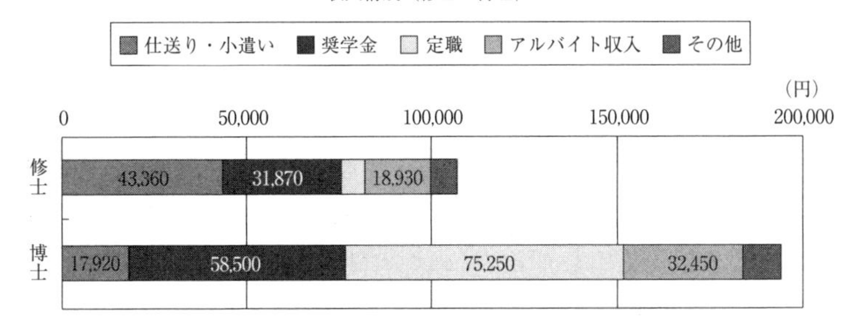

図表2　大学院生の支出構成

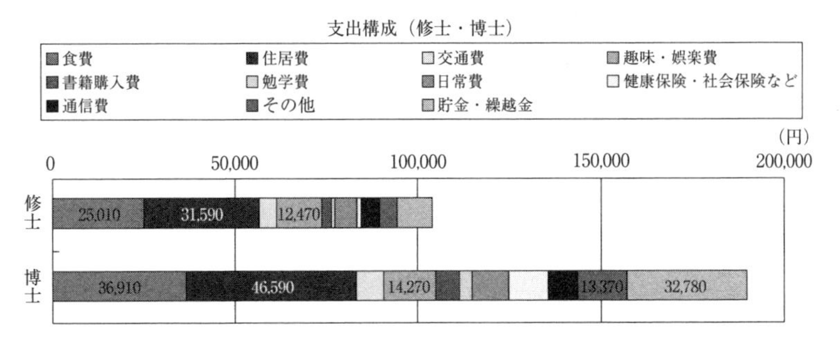

ました。学部では毎月無利子５万円、有利子５万円を借りていましたが、大学院に進学した際に返済に不安を感じ、無利子５万円のみに変更しました。就職活動に取り組む最中も奨学金の存在が頭の片隅にあり、何としてもこの会社から内定を取らなければいけないというプレッシャーを感じていました。卒業や就職など人生の節目で奨学金の重さを感じていくのだと思います。

図表３　奨学金の返済不安（不安に感じるか）

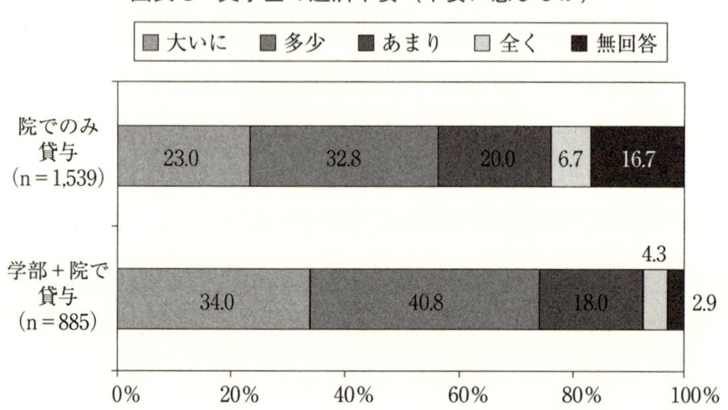

アルバイトに関して、アルバイトをしている大学院生は60.0%、３年前と比べ17.2ポイント増加しました。一方で、週の就労平均時間は0.6時間減、１時間当たりの賃金も104円減、「１カ月の生活費」に占めるアルバイト収入も減少しており、拘束時間が短く、賃金が低いアルバイトに従事する院生が増加していると考えられます。私の周りでは、平日は20時から３時間など短時間の労働、休日に９時間など長時間の労働を行っている院生が多くいます。生活費のために働く人がほとんどですが、普段研究室に長時間いるためリフレッシュになるという人もいます。

2. 大学院生の研究生活

理系では大学入学前に、文系では大学４年生の時に大学院への進学を決めた人が多くいます。大学院への進学理由として、全体の66.9%が「高度な専門知識や技術を身につけたい」と回答する一方で、文系では「資格を取得するため」、理系では「就職に有利だと思った」「進学するのが当たり前だと思っていた」「自分の周りの人が進学した」と回答する声も多くありました。文系の院生は「資格を取得するため」などの能動的な動機が多かったのに対し、理系の院生は「進学するのが当たり前だと思った」「自分の周りの人が進学したから」といった受動的な動機が多いことが分かりました。

修士の時点で就職する理由として、「社会に出たい」が71.4%（文系48.2%、理系75.9%）と多い一方で、「経済的事情」（26.1%）、「研究に興味がなくなった」（9.9%）、「研究活動に不満がある」（6.3%）と後向きの理由もありました。私も社会に早く出たいと考え、就職を選択しました。同期の多くは社会人として働いているにもかかわらず、自分はまだ学生ということに違和感や焦りのようなものがありました。

図表４　大学院進学の決定時期

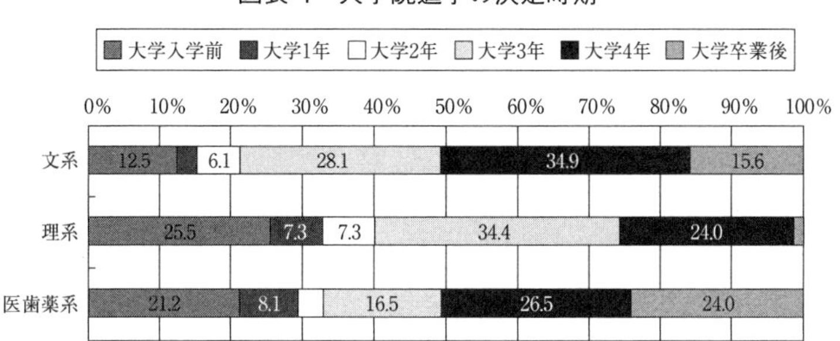

図表5　大学院修士課程に進学した動機

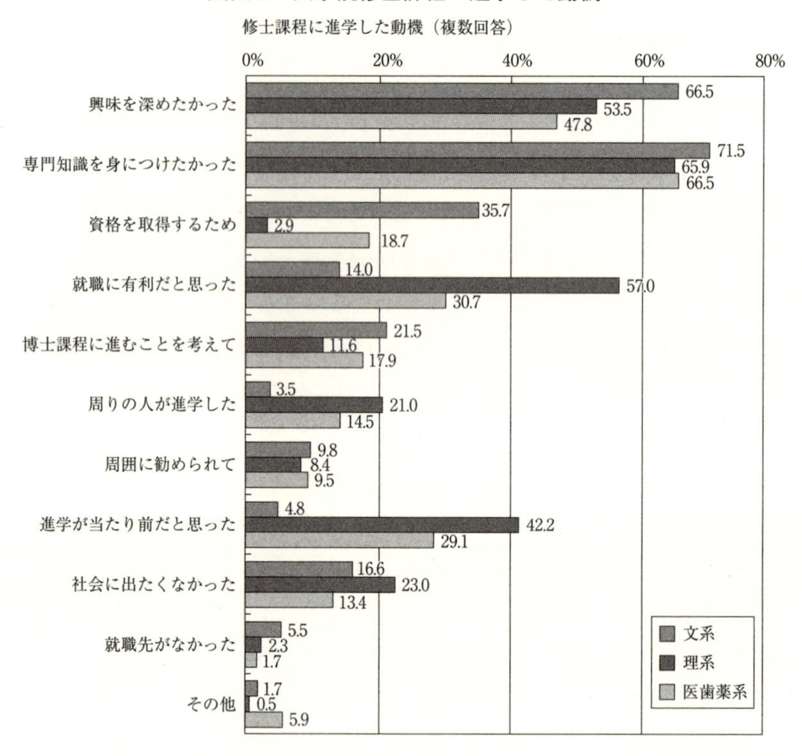

3.　大学院生の日常生活

コアタイムに関して、「あり」と回答した大学院生は28.5%でコアタイムの開始時刻は修士課程が10時台、博士課程は9時台が最も多く、平均時間は修士7.8時間、博士8.5時間と差が表れました。またコアタイムがない院生も研究平均時間は修士8.8時間、博士10.0時間で、コアタイムの有無にかかわらず、研究室に長時間いる院生の実態が分かりました。

悩み・ストレスについて、「ある」と答えた大学院生は72.3%で、3年前までは減少傾向が続いていましたが、今回の調査では上昇しました。悩みとして最も多いものは「研究活動」が54.2%で、「将来の進路」が39.8%と続きまし

図表６　大学院生が感じる悩み・ストレス

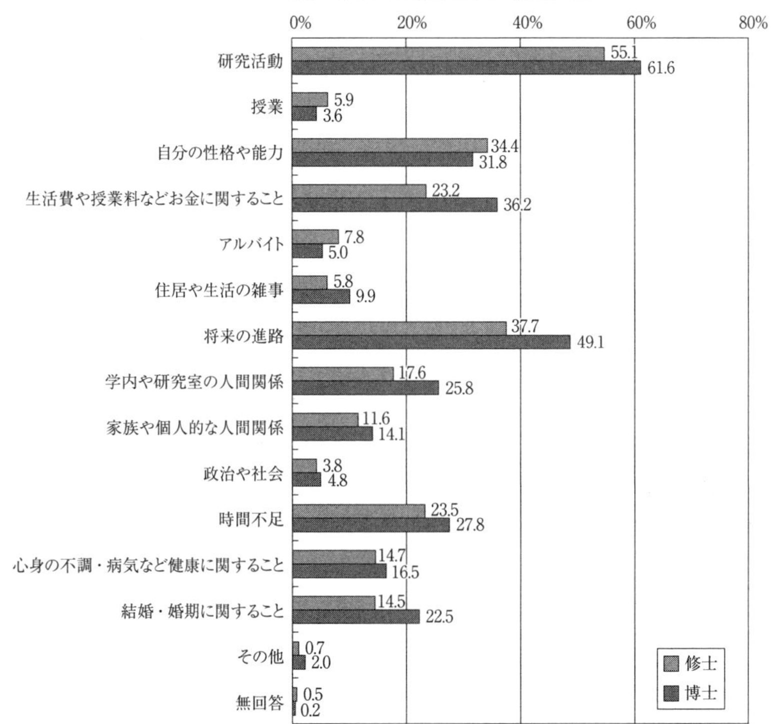

図表７　悩み・ストレスの相談相手

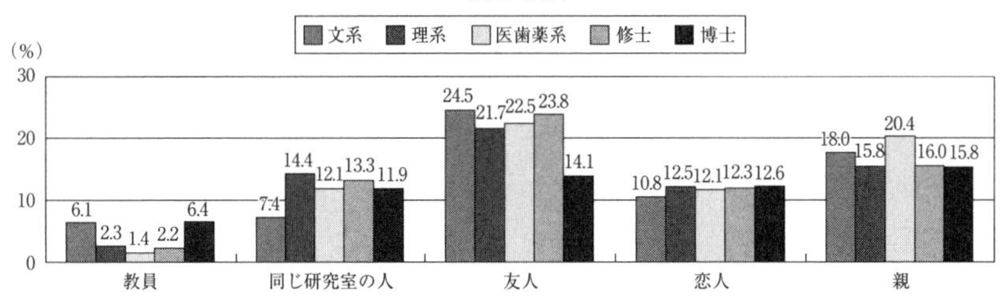

た。経年の変化では、「研究活動」が上昇しており、「将来の進路」が減少傾向にあります。「悩み・ストレスがある」は男性の68.8%に対し、女性は81.3%と高く、特に「研究活動」「将来の進路」「学内や研究室の人間関係」「結婚・婚期 に関すること」は男性より10ポイント程度上回っており、研究室における女性比率の低さや相談環境が整っていないことが考えられます。研究活動の悩み・ストレスについては複数の要因がありますが、ここ数年でアカデミックハラスメントやパワーハラスメントなどの言葉が広く使われるようになり、研究室内の環境を社会的な背景から認識するようになったことも一つの要因として考えられます。悩み・ストレスについての相談相手が「いる」大学院生は77.4%（男性73.4%、女性86.3%）で、相談する相手（単一回答）としては「友人」が最も多く、次いで「親」、「同じ研究室の人」でした。「教員」は3.0%（男性3.3%、女性2.3%）で、学部生全体と比較すると高いものの、少数でした。大学院生になり、研究面での教員との関わりは深まりますが、日常的に相談する時間や環境が少ないことが背景にあると考えます。

［報告］

「アルバイト・奨学金問題について」ブラックバイトと学生―「働く」と「学ぶ」を考える―

佐藤 晃司

関西学生アルバイトユニオンの事務局長をしております佐藤と申します。先ほど大内先生からもブラックバイトの実情についてご報告がありましたが、私は、大学で実施した「バイトアンケート」や労働相談での事例を中心にご報告させていただきます。

1. 学生バイトアンケートから見えてきた学生アルバイトの現状

初めに、大学で「バイトアンケート」を実施し、ユニオンを立ち上げるに至った経緯についてお話させていただきます。

きっかけとしては、同じ大学の後輩たちが、いろいろなバイトを経験するなかで、その職場環境について「なんかおかしい」という風に感じることからでした。

具体的には、実家に帰るために有給休暇を使いたいと店長に言ったら、「バイトになんか有休はない」と言われた、時給の計算方法がおかしいのではないかということで、「ちょっと契約書をもう一回、見せてください」と言っても見せてくれない、最低賃金を下回っている、原付バイクでの宅配のバイトをしていて「60 キロ以上飛ばしても配達しろ」（原付バイクの法定最高速度は時速30 キロメートル）というふうに言われた、などがありました。

「ブラック」なバイト先にあたるのは自分だけなのか、学生のみんながどういう状況でアルバイトをしているのか、その後輩たちを中心に、大学でアルバイトのアンケートをとって調べてみました。

そのとき、ユニオンの設立を挟んで計 511 人分のアンケート集約をしました。「バイトにおいてテストや勉強に支障が生じたことがある」と答えた人が

511人中の162人おり、「今のバイト先を辞めたいと思っている」と答えた学生が約半数いました。

バイト先で不満に感じることの内容としては「労働時間やシフトに関すること」が一番多くありました。具体的には、勝手にシフト（出勤予定）を入れられている、体調不良で休むときは自分の代わりを探さないと休ませてくれない、もっと（シフトに）入れ、学校を休めなど、電話でも言われるとか、週2の契約だったのに、いつのまにか週5で働いているといったような声が寄せられました。

これはユニオンの設立と前後するのですが、労働相談でも、インフルエンザにかかって今日は行けないですと伝えたら、店長から「医者に行って、診断書をスマホの写真で撮って送れ、そうしない限り病欠とみなさない、無断欠勤扱いにする」と返ってきた。一応、そうやって診断書の写真を送って仕事を休めたのですけれども、「その日他の人に入ってもらったから、その分の給料は天引きしとくから」といわれた。そのような相談もありました。

その次に多く寄せられた不満が、賃金がきちんと支払われない、賃金の未払いに関することでした。仕事中のミス（食器の破損やレジ誤差）の代金が給与から天引きされる。相談でもこれは多いのです。

相談事例を紹介いたしますと、雇用契約書とはまた別に誓約書への署名を求められて、その誓約項目に「1カ月以内に辞めたら3万円の罰金、3カ月以内に辞めたら大阪の最低賃金に時給を切り下げて支給する」という、とんでもない規定があって、それに名前を書いて、印を押してしまった。どうしようという相談も実際ありました。

その他には、研修期間中の時給が最低賃金以下、会社側が認めなければ残業しても給与が出ないとか、「辞めたい」と言ったら「代わりの人がいないから無理」と引き留められたとか。また、「自分へ、何のために大学に来ているのか考えよう」というような印象的な意見もありました。これだけバイトをしていて、何のために大学に来ているのだろうっていう話ですね。

このような実態をアルバイトアンケートの集約作業をした仲間たちと共有し、「自分のバイト先だけの問題ではない」ということを確信し、いろいろと議論を重ねた結果、「関西学生アルバイトユニオン」を立ち上げることになりました。

関西学生アルバイトユニオンは、労働組合とか労働法というのは極めて大事なのに、なかなか学生の間で知られていない、学生同士がバイトで困ったことを話し合えるような場所が大学にない、ということで、学生同士が気軽に相談できて、自分の問題の解決を通じて、社会をより良いものへと変えていこう、学びながら変えていこうということで、2015年2月にスタートしました。

私たちは「ブラックバイト」を「学生に違法な長時間労働や過重労働などを課して、学業など、学生生活に支障をきたすようなアルバイト」と定義しています。

そもそもこれだけアルバイトをしないと学生生活が成り立たない状況自体も見直していく必要があるのだろうと考えていて、私たちは奨学金問題、また学費問題ということに対しても取り組んでいます。

2. 学生からよせられた労働相談

（1） 学習塾のバイト

この方は大学4年生のときに相談に来られました。教室には社員が1人しかおらず、あとは23名の学生アルバイトで運営していました。この相談者Aさんは、教室リーダーに選任されて、勤務を2年間、続けていました。

Aさんからは、はじめ、1日8時間を超える時間外労働が32日間あったにもかかわらず、割り増しの賃金が支払われていない。有給休暇の申請を提出しても有休を取らせてくれないという内容で相談を受けました。しかし、8時間以上の勤務実態についてAさんと話していくうちに、かなり学生アルバイトに負担を強いるような労働実態が明らかになりました。

Aさんは教室リーダーをやっていましたので、教室の他の講師（学生アルバイト）が書いた報告書のチェックもしなくてはならず、毎月、通常時で250枚、講習時には500枚ほどの報告書をリーダーと副リーダーでチェックして、月末に集めて、翌月の初めまでに本部に提出しなくてはいけない。これがすさまじく時間がかかるということで、このために終電を逃して、塾に寝泊まりしながらこのチェック作業を延々とやっていたということがありました。その業務が自身の講師の業務とも重なり、どんどん仕事が増えていきました。

また、教室リーダーとして、例えば、1回3時間の会議が、2ヵ月に1回教室リーダー会議、2ヵ月に1回エリアリーダー会議、3ヵ月に1回ブロックリーダー会議とあり、多くの会議への出席と報告を求められました。この会議の出席や交通費等の手当ては出ていましたが、会議のための資料の作成にかなり時間もかかって、その資料作成にかかった時間についての給与は出ていません。また他の学生アルバイト講師の昇給に関わる査定など、学生アルバイトには荷が重いことも任されていました。

アルバイトの時間外勤務の申請書類も、教室リーダーがある程度管理していて、教室全体で時間外申請を取り過ぎると、塾本部からクレームが来るので、自分が時間外で業務した場合には、あえて少ない時間で申請したことなど、過重労働の実態がいろいろ出てきました。こういった職場環境で、このまま私が辞めると、副リーダーがそのままこの業務をすることになってしまう。もう私は辞めるけれど、このまま辞めることはできないので、職場の改善ができないか、という話になりました。

こういう教室の実態を塾の本部が知っているのかということで、私と本部で何度かやりとりしたところ、この教室リーダーの職務について、今まで規定が全くなかったので、ここまでが職務範囲ですよという規定とリーダーに対する手当を、作らせることができました。また、割増賃金と有給休暇分の賃金を支払わせると共に、本部はより一層教室の労働環境、労働時間の実態を把握するように努める、との約束を交わすことができました。

相談の内容を具体的に細かく聞いていくと、結構、こういうような過重労働が見えてくることは、私にとってもすごい発見であったし、きちんと聞き取ることが大事だということを経験した印象深い事例でした。

(2) 飲食店のバイト

次に、喫茶店でバイトをしている学生から、バイト中に割ってしまった食器の代金が、給与から天引きされている、ということで相談がありました。この職場では、給与が手渡しという形で毎月渡され、マイナス1,250円、マイナス960円というように給与封筒に書いてあり、これがコップ1個何円、漏斗1個何円、という形で天引きされていました。

しかもそれがアルバイトだけではなくて、他の社員全員も、毎回、破損した分を引かれているということがあり、店の就業規則に挟んである形で、「店内ルール」という書面が見つかり、そこに「食器の破損は賠償」という項目が見つかりました。

私たちは、このルールを廃止して、相談者本人に対して今まで払った分を返すことはもちろんですが、それと共に、今まで払ってきた人たちに対しても、きちんと返金に応じることを求めて、店と交渉いたしました。

結果として、相談者本人のお金は返ってきまして、店内の社員に回す回覧で、今までの破損弁償について、申し出れば返金します、という告知をさせることができました。

(3) 高校生からの相談

最後に、飲食店で働く高校1年生からの相談を紹介させていただきます。

そば屋で働いていて、高校生2人で閉店作業をやることが頻繁にあり、10時以降の労働が何度かあって、遅い時には23時を過ぎて帰ることもありました。

また、店長の高校生に対する扱いも酷く、風邪をひいて休みの電話を掛けても「こんな忙しいときにかけてくるな」と一方的に電話を切られ、仕事中に「人としておかしい」「おまえ、人に迷惑掛けてどう思ってんねん」といった暴言を吐かれ、時には店長から胸ぐらをつかまれた、といった職場環境で、本人はそれが主な原因となって、ストレス性の胃腸炎にかかっていた時期もありました。

そんな中で、休みと思っていた日の夜に店長から呼び出しの電話がかかってきて、しかもこの電話のかかってくる回数が、本人に20回、一緒に働いていた友達に対しても30回、40回ぐらい、夜遅くまで電話をかけてきて、「明日、学校に行きます」とか「家に行きます」というメールも送られてきた。どんなことをされるか怖くて、もう職場に行けないということで、相談がありました。

これは本部の人事担当と、高校生を交えて、3度ほど団体交渉を行いまして、解決金の支払いと、年少者（18歳未満）の深夜労働の禁止を徹底させることを約束させて、解決となりました。

労働相談事例のまとめをいたしますと、相談を受けるにあたって私たちは、①まず不安に思って相談に来るので、会社の行為がおかしいこと、法律違反ですということをはっきり伝えること。②当事者の相談してきた事案にかかわらず、なんで店長がそんな行為をしてきたのかということを知るために、店の運営状況についてしっかり聞き取ること。③店の環境自体の問題点を一緒に発見し、それについて改善できることはないか考えていくこと。この3点を重視しています。

こういうふうに相談者と話し合う中で、本人自身も問題が整理されてきて、これはおかしいということに気が付いてくることがあるので、相談者の話をじっくりと聞くことが大事だと思っています。

3. まとめ

最後に私たちの課題ですが、関西学生アルバイトユニオンに関わって卒業した学生たちをどうやってつなげていくかということも、私たちの課題だと思っています。

また、学生がそもそもアルバイトをしないと学生生活が成り立たない現状を変えるためにも、借金を背負わずに卒業できる様に、給付型奨学金制度の充実や、大学の学費や大学の在り方についても、学生と共にしっかりと議論していきたいと考えています。

討　論

大内 裕和・小澤 将也・佐藤 晃司・寺尾 善喜・
船越 高樹・宮永 聡太・松野尾 裕（司会）

松野尾　討論に入ります。まず大内さんにコメントをしていただき、論点を少し絞っていただこうと思います。次に、フロアからご発言をいただき、それらのご発言とかみ合わせながら、壇上でのディスカッションへ進めます。では、大内さん、お願い致します。

大内　それぞれの方の現場での試みと報告はとても価値があるもので、今の社会で問われていることを提起されているし、それに対して大事な提案をされていると思います。ただ、ここで考えなくてはならないのは、そういう貴重な試みはあるのだけれども、社会の現実は圧倒的に貧困な人や障害のある人を攻撃する側が強いということです。実際に差別や排外主義、優生思想が社会を覆っている。新自由主義と自己責任論のほうが社会の規範となっている。それをどう変えるかということが問われているのです。

女性や障害のある人、経済的に貧困な人に対する攻撃が日々行われているのに、それへの反撃がなぜ強くならないのか。これにはいろいろな理由がありますけれども、私は弱者を応援してきた中間層に経済的余裕がなくなっていることが大きいと思います。自分が大変だから、他人を応援する余裕がない。私が奨学金問題に取り組んだのは、日本の中間層が解体していることを問題にしたかったからです。中間層というのは、経済的に一定の余裕があって、新聞や本を丁寧に読んで、露骨なヘイトスピーチには反対するような、一定の経済的余裕と政治的判断力を持っている社会層です。先進国ではそれが差別や排外主義に対するブレーキになります。しかし、ナチスもそうでしたけれども、中間層が解体すると優生思想や排外主義が前景化します。

40代の平均世帯年収が600万円を超える都道府県は、25年前には30近くあったのですが、今や3つしかありません。ですから大学生の多くが奨学金を借りている。自動車の運転免許をとれない学生が大勢いる。パスポートを持っている20代の比率は低い。小学校1年生から英語を教わっても海外には行けません。貧困だからです。

日本の社会をこれまで支えてきた中間層の生活がこれほど悪化したら、「私たちだって大変なんだ、生活保護を受けている人は怠けているんじゃないか」と言いたくなります。実際、世帯年収600万円でも子ども2人が大学生だと、使えるお金は生活保護世帯とあまり変わらないという調査結果が出ている。それくらい中間層の家庭にとって教育費と住宅費の負担は重くなっています。では、どうしてそれが多数派に見えないのか。みんな大変だとならないのかというと、私はその上の世代が支えているからだと思います。

最近、学生たちは卒業式の日に祖父母と写真を撮るのです。5年ぐらい前までは少なかった。最近私はその理由が分かってきました。それは祖父母が学費を出しているからです。40～50代の親の所得がダウンする中で、祖父母が孫の教育を支える構造になっている。ランドセルはおばあちゃんに買ってもらう、成人式の晴れ着もそう。40～50代で中間層の解体が起こっているにもかかわらず、70～80代のお金が中間層幻想を支えているのだと思います。

しかし、これはもう長くは続きません。なぜなら、祖父母の世代がずっと生き続けることはないからです。83歳の方が私に、「今年から孫の奨学金を私の年金で返済し始めました」と言うのです。「しかしあと19年生きる自信はありません」と。平均寿命を考えれば、この状況はあと10年ももたないでしょう。日本は社会保障をきちんとやらずに、家族が費用を負担するという方法でやってきた。学費を下げ、住宅費を公的に支援するというヨーロッパ型の社会民主主義を選んでこなかったことが、こうした状況を生んでいます。

学費を自分で負担し、住宅も自分で買うという体制は、日本型雇用が崩れればもうおしまいです。それなのに、この20～30年間、若い人の貧困化を親が独身の子どもを自分の家に抱え込むという形で、社会問題化させなかった。それが、いわゆる8050（はちまるごおまる）問題（80歳の親が50歳の子どもの面倒を見る）になっている。今の体制はもう維持できないということを見据えて動き出さないと間に合いません。これから30年後、今の40～50代が今の

80代と同様の年金をもらうことはあり得ないでしょう。ということは、これまでのような生活は不可能だということから考え始めることが大事になってきます。そうでないとおそらく、最初に言った排外主義や優生思想に巻き込まれてしまう危険性が高いでしょう。そういう感じがしてなりません。以上です。

松野尾　ありがとうございました。ここで、会場に全国大学生協連学生委員長の宮永聡太さんがお越しですので、宮永さんに学生に一番近いところでもってのご発言をいただきます。

宮永　奨学金に関して少し話をさせていただきます。私は大学を卒業して3年目になります。在学中は第二種（有利子）で毎月12万円を借りていました。一昨年の10月より毎月2万5,000円ずつ返し始めていて、これが20年続きます。大学に通っていた時は返済のことをそれほど意識していませんでした。毎月自分の口座に12万円が振り込まれ、ああ助かったと思ってそれを使っていました。バイトもしていましたので、バイトを頑張った月が続けば、奨学金を減らせたはずですが、そんなことは考えませんでした。在学中は、友だち同士でもそういった話は全然しませんでした。何となくそんな話はしない雰囲気がありました。卒業してからの飲み会では奨学金が大いに話題になります。あとは結婚の話題です。「結婚できないよな」という話とか、誰かが結婚をすれば、「どうやって金をつくったの」とか、「結婚式挙げているけど、どうしたの」とか、そういった話です。今思えば、そういった話をしている先輩と現役の学生との縦のつながりができていれば、少しでも何か気付けたのかなというふうに思っております。

大内先生のお話はこれまでに何度か聞いているのですが、聞けば聞くほど、自分はもうちょっときちんと勉強しなければと思いながら、今何を考え、どう行動すべきなのかということを考えます。例えば、毎月の収支をきちんと意識して返済プランを立てようとか、何にどのくらいかかるのかをまずいったん冷静に見つめようということから始めています。

大学生協連が行っている学生生活実態調査について、学生委員会のメンバーでディスカッションした様子を少し話させていただきます。奨学金の使い途はほとんどが学費と生活費です。次いで旅行や留学の費用に充てる。ただ、旅行や留学に使うと少し罪悪感があるという意見がありました。これは大内先生の奨学金を借りている学生がちょっといい服を買うと罪悪感があるという話と共通しています。というのも、奨学金を借りないでアルバイトで授業以外の時間のほとんどを使っている人からしたら、奨学金を借りて贅沢をしているというふうな見方になるので、そういった人とは仲良くできなかったり、そういう人がいる中では奨学金を借りている自分はあまり贅沢をしては駄目なのかなと、萎縮したりすることが起きてきます。奨学金を家庭の生活費に回しているという場合もあります。母子家庭で、どうしても家族が暮らしていくために使うという人もいました。

調査では暮らし向きが楽かということも毎年訊いています。昨年から今年の変化では､暮らし向きは楽だと答えた人が増えました｡その理由についてのはっきりしたデータはないのですが、ディスカッションの中では、自分より苦しい人がいる、だから自分はそこまで苦しいとは言えないから楽だと答えたという人もいました。これには少しハッとしました。推測ですけれども、学生の中の貧困の差はより激しくなっていて、それが学生の暮らし向きの捉え方の変化に表れてきている。それが、学生が普段付き合う仲間との関係にも影響しているのではないかと思います。お金を持っている人たちが集まれば、「一緒に旅行に行こう」となりますし、バイトばかりしている人が集まれば、「じゃあこの後バイトだ、バイバイ」という形で終わってしまいます。大学生活でそういったお金によって付き合う仲間が左右されるということがすごくあるのではないかと思っています。

松野尾　ありがとうございました。フロアからご発言をいただきたいと思います。どなたからでもけっこうです。

A氏　佐藤さんに伺います。私のいる大学の同僚に、地域づくりに関する研究や授業をしている方がいるのですが、その先生が授業の中で社会の不当なことについて強く批判をするわけです。そうすると学生がどんどん冷めていくのが分かると言われるのですね。佐藤さんは労働組合として、けしからん会社に、被害を受けている学生と一緒に申し入れをしに行くと思いますが、その時の語り口はどんなふうなのでしょうか。

佐藤　実際的なご質問をありがとうございます。私が団体交渉を経験したのは、3年間やっていまして3件ほどで、団交までいくケースは実は結構少ないのです。多いのが書面のやりとりと、あとは電話での交渉という形になります。そこでは、まず労働法違反という、法律の網の目にかける。その後で学生の実情を話していきます。

交渉では、大体いつも相手側は問題をばらばらに切り離して、たまたまこの日がこうで、たまたまこういうことがあって、次から気を付けていきたいと、そういう形で終えようとします。しかし全ての問題は関連している。だから全体として職場を新しいルールを作って変えないといけないのだと強く話します。

松野尾　佐藤さんは高校生とも学習会をされていますね。その時の高校生の反応はどうですか。

佐藤　確かに最初はもめ事を避ける傾向がある。ここがおかしいですよという話をしても、でも店長に言うのはハードルが高いなということは毎回出てきます。労働法違反の話をするわけですが、その時に大事なのが、具体的に自分の置かれた状況が一体どういう状況なのかということをはっきりさせることです。自分の置かれた状況に埋没しているだけだと、どうしたらいいか分からないし、しんどい思いはしたくないというところにとどまってしまいます。話を聞き取りながら、それを文字化して、高校生と私とでこういう状況だったよねということを逐一、確認していく中で、おかしいということに気付いていくプロセスがあります。

実際、高校生が団交をした時も、いざ団交に入りますと、高校生も話してくれます。あの時あんなふうに言ったじゃないかと話し出すと結構話してくれる。一回こうした経験をすると、今まであんなに怖いと思っていた店長に対して、あれだけ怖がっていたのがあほらしいというふうになっていくケースもあります。自分の置かれた状況を客観視するということと同時に、ではどうするかということをゆっくり考えていくことが、時間はかかりますが、やはり大事だと思っています。

松野尾　では、他のご発言をお願いいたします。

B氏　日本では自己責任の考え方が国民に刷り込まれたというのが非常に大きいと思います。経済成長によってある程度富裕化するうちに自分のことは自分でやるという考え方が染み渡ってしまった。いろんなことが起こると、みんな自分の責任だというふうに考えてしまうのです。先ほどの学生委員長さんのお話にも自己責任論的な発想の一端を感じました。生活困窮者自立支援法で行われている一つの柱に家計管理というものがあります。「お金を自分できちんと管理して生活するようにしましょう」。「自分の責任で生活をやっていかないといけません」ということです。

私は住居福祉を研究していますが、大きな災害で住む家を失った人に対して避難所や仮設住宅をつくった後は、自分で稼いで家を再建し、生活を成り立たせてくださいという仕組みになっているのです。ここまで助けるから、あとは自分でやりなさいということです。しかし、個人にとってはそういうことが不可能な状況があります。住宅を再建する場合には被災の程度に応じて一定額の支援がありますが、その支援の金額で家が建つわけではありません。ほとんどの人が膨大な借金を抱えてしまう。住宅を再建することで個人は大変な生活に追い込まれていくわけです。それが分かっているのに、そういう制度を作っている。そこをどうしたら、今までの制度のあり方を逆にして、個人ができることをした上で、あとは社会で支援しますというふうになるのか、ご意見をいただければありがたく思います。

松野尾　私たちの中に自己責任の考え方が刷り込まれてしまっている。確かにそうです。船越さんのお話の中に「障害の社会モデル」があります。これは、障害は個人にあるのではなく、社会の側にある、そういうふうに理解してよろしいでしょうね。障害を個人に押しつけない。そこをはっきりさせたことが障害の社会モデルの大事なところだと思います。障害のある人を自己責任論から解放するということです。これは障害のある人だけの問題では全くなくて、生活のどこにつまずく原因があるのかということを考えていく上で普遍的なところにつながっていると思います。船越さん、そこのところについて少し説明を補足していただけますか。

船越　障害のある人に、例えば目が見えないことによってできないことを、自己責任だ、目が見えるようになれと言っても、改善のしようがありません。目の見えない人がきちんと生活できるようにするためには、そういう状態であっても生活ができるように、体制を、環境を整備していかなければどうしようもありません。

障害の社会モデルに学べることはたくさんあって、自己責任論に対抗するモデルとしても非常に使える部分があると思います。個人ができることというのは限られている。個人が非情な、ひどい状態に追い込まれている状況は、社会の側の無作為とか誤った体制とか、そういうものが生み出している。それがバリアになっている時には、それを解消しようとするときの着眼点としてこれが使えます。それをまずは障害のある人たちの生活困難を解決するモデルとして採用したことで、障害者権利条約ができ、日本においてもそれを批准するために障害者差別解消法ができたわけです。

では、なぜ差別解消法の対象が障害のある人たちだけなのかということは、当然議論になると思います。障害のない人たちも、制度疲労や体制の誤りの中でいろいろな差別に追い込まれています。障害のない人たちの差別が生まれたときに、社会の側がそれを解消する手当をしっかりやっていくべきだと主張するために使える一つのモデルがここにあるわけです。自己責任論に追い込まずに、社会の側できちんと対応し、解決していこうということにしやすくなるはずです。そうしていかなければいけない。そういうふうに障害の社会モデルは使えると思います。障害のある人たちの生き方を豊かにする動きの中に、今まで排除されてきた人たちが社会に出ていくための、いろいろなエッセンスが入っていると思います。そういったことを学びながら、社会全体を改善する。自己責任論に陥らずに社会全体を変えていこうという原動力に、こういった考え方を使っていければいいと思っています。

松野尾　あとお二人くらいからご発言をいただければと思います。

C氏　大学の教員ですが、その前は専門学校の教員を長らくしてきました。大学で今起きている状況は既に専門学校では経験してきたことだと言っていいと思います。障害のある人への支援の話をされましたが、専門学校は少なくとも 15 年前の段階で障害のある人やボーダーラインにある人を学生として受け入れていました。これは今の大半の私立大学で生じている事柄です。しかし、経営を前提にした学生支援の中では、障害のある学生のために、例えば個別の通訳を付けるとか、点字を用意するとか、要約筆記をするとか、こういったことは、行われているとしても、ほぼ学生のボランティアに依存しているというのが現状だと思います。

発達障害のある学生への支援がいま大きな課題です。発達障害については教員にサポートのノウハウがほぼありません。昨年来いくつかの国立大学にヒアリングをしていますが、サポートの部署だけに依存しているという状況です。学生も助け合い、教員も助け合うというノウハウをシェアしていくことが大学生協の商品になり得るのではないかというのが私の意見です。

もう一つは、そういった学生ほどアルバイトもできず、就職も困難です。真面目ですから一生懸命に就活をするのですが、落ち続ける。そういった学生ほど実は経済的にしんどかったり、シングルペアレントのところも多かったりするわけです。その時に、どうして高校はこういう学生を送り込んでくるのだと大学側は思うかもしれませんが、大学は事前に話し合いをするような機会をつくっているのだろうか、あるいはそのコーディネートをするノウハウを持っているのかという認識に立った時に、大学生協がその役割を担えるのではないかということを提案させていただきたい。

学生の生活を助けるためのノウハウを生協はもっています。だから大学が出来ないことでも生協はできる。そういう助け合いが商品になり得るのではないでしょうか。

松野尾　生協として「助け合い」をどのように事業という形にしていくか。これについては、すぐに回答は難しいと思いますので、後ほど、生協の方にご意見をいただきたいと思います。もうおひとかたご発言をお願いいたします。

D氏　大学生協の職員です。質問が２つございます。佐藤さんに質問いたします。ブラックはもちろん良くないのですが、学生がアルバイトをしながら、つらいことも感じながら、それを学んで、経験していくというところはあると思うのです。佐藤さんが対応されている中でも、それは君のわがままだよというものもあるだろうし、結構グレーなところもあると思うのですけれども、その辺りの線引きというか、対応をどうされているのかということをお聞きしたいのが一つです。

もう一つは船越先生に伺いたいのですが、大学生協も実は悩みがあります。大学の中で例えば公務員試験対策講座をやっております。そのときに受講生が差別的な扱いを受けてはいけないということで、例えばノートテイカーを付けなさいと大学から言われるのです。大学生協の費用で、大学生協が手配して付けなさいということです。生協ではそれぞれ悩みながら対応しているのですが、講座の規模によってはその資金がないところもあります。何かいいアドバイスをいただければと思います。

佐藤　グレーゾーンの相談ですね。相談の流れは、最初にメールでご相談くださいとホームページで受け付け、その後、電話で話を聞いたり、直接面談で聞いたり、というようにしています。相談にもいろいろありまして、退職した後に、あの店長が怖くて給料を取りに行けないから振り込みにすることはできないか、といったこととか、そういう相談もあったりします。店長が怖いという話から、ではなんで店長が怖いのかというふうに、働いていた時の状況を聞いていきますと、違う問題が見つかることがあります。

それはちょっとわがままだよと思う背景に、実は違う問題が隠されていることは結構多いので、何かしら不満やおかしいという時に、なるべく聞くようにすることが大事だと思っています。実際、そういうふうに聞いていくことが、僕にとっては毎回、勉強になっています。

船越　ご質問にお答えする前に、一つ情報提供をさせてください。障害のある学生を受け入れた大学に対して国からどういう補助が付くかということについてです。国立大学に対しては、2014（平成26）年8月までに障害のある学生の支援を専門に担当する教員を雇えば、一律一定額の補助金が国から下りる仕組みになっています。私立大学に対しては、障害のある学生一人につきいくらという形で助成金が交付される設計になっています。

問題は、その助成金がきちんと障害のある学生の支援に使われているのかということがはっきりしていないことです。そういう状況のままで、この助成金の仕組みが続けられています。公立大学は一番大変で、国からの補助金はゼロです。市町村や都道府県が提供するべきだということになっていますので、さあどうしましょうというのが現状です。

そういう中で、障害のある学生への支援は、義務として大学が提供するのですが、大学本部ではいかに金をかけないかという発想になってしまいがちです。支援者として学生を使え、ボランティアでやれという話がほぼダイレクトに近い形で担当教員のところへ来ています。正課の授業での支援についてはアルバイト代を大学が払いますという動きがようやく出てきた段階です。

ご質問にあった生協主催の講座に関してどこが障害のある学生の支援の費用を負担するのかという問題については、今の段階では、正課の授業に関してすらそういう状況ですので、生協の講座に関して大学の資金投入を期待するのはかなり難しい、ほぼ無理だろうというのが現状だと思います。ですから、一つの方法としては、生協の講座で協力をしてくれた学生にはポイントのようなものを提供して、そのポイントでもって生協利用の優遇を図るといった、そういう仕組みで学生の皆さんに協力をお願いする環境をつくっていく。そういった努力をしながら、大学側に障害のある学生の大学生活全体を支える義務があるということを理解してもらい、生協の講座に関しても適切な支援の提供を求めていくことになるのだと思います。難しい課題ですが、移行期にあるという捉え方で、中間的な工夫をしながら進めていく必要があると思います。

松野尾　生協の事業や活動のことが話に出てきています。先ほど共済連の寺尾専務から大学生協の共済事業としての新たな取り組みをご紹介いただきました。それに加えて、今のお話にあったような、日々の教室の中あるいは外での困難がある場合に、生協として何らかの支援の形というものが考えられるものなのか、あるいは今の段階ではそこまでは無理なのか。少し、共済の立場から外れるかもしれませんが、大学生協としてどういうようなことが今のところできるのか。その辺りのことを寺尾さんに少しご発言をいただければと思います。

寺尾　大学生協が行っている共済事業の中で、そのことをダイレクトに実現するというのはなかなか難しいと思っていますが、私の問題意識として、かねてより思っていたところでいくと、各会員生協で例えば共済の給付事例を大学に共有しながら、保健管理センターや学生相談室といった保健管理施設と何か連携をしてやれるのではないか。大学ごとのやり方で連携を進めていけるのではというふうに思っています。今回、共済のところで提起させていただいているのは、いわゆるメンタルヘルスに関わるところです。障害のある学生に対する合理的配慮というところでも大学生協が大学と協力してやれることはないか。これを事業としてというよりも、大学の中での取り組みとして、大学と大学生協が一緒にやれることはないかという発想が広がっていくといいのではないかと思います。特効薬的なことはできませんが、非常に可能性のあるジャンルだというふうに認識をしています。

松野尾　ありがとうございました。壇上でのディスカッションを続けます。先ほど大内さんから中間層の解体という話の中で、生活困難を抱えている人への理解が深まっていかない、いや、深まらないどころか、攻撃のような発言まで生まれているという、大変深刻なことが提起されました。学生として、さらに大学院生としてしっかり勉強するために奨学金を借りた人が、卒業後にその返済のために苦しい生活を余儀なくされているという問題への理解についても、同様のことがあります。

大内　奨学金問題の分かりにくさの多くは世代間のギャップに原因があって、40歳未満から借りている人数も額も急増します。テレビ番組でタレントの有吉弘行さんが、「芸人は300万円借金したら潰れる」と言っていましたけれども、300万円前後であれば、中間層が分厚かった時期には家族の援助も含めて何とか返済できることが多かったでしょう。しかし、現在の奨学金は返済総額が一人あたり300万円を大幅に上回っていることが少なくない。夫婦二人ともに借りていたり、子どもも借りている場合には、大変な借金になることは目に見えています。

先ほどの話で自己責任が刷り込まれていると言いましたが、もう少し詳しく言うと、企業成長と結びついた家族責任です。だから、住宅ローンがいまだに日本では主流だし、孫への教育資金は非課税などという露骨な富裕層優遇政策が強い批判を浴びない。家族で何とかするという発想に対して、それは不公正だという感覚が弱いのではないでしょうか。アメリカでは、世襲はアンフェアだという社会規範が強いのですけれども、日本ではそこが問われない。むしろ、家の中のことだから、そこはブラックボックスになりがちです。私は「奨学金について語らない、あるいは語れない」という状況をどう変えるかを意識して活動してきました。

ある時期までの研究者と学校の先生は奨学金の返済が免除されたので、返済が大変だと言われても、それは何のことだろうという感じです。返済経験がないからです。返済しなくて済んだことはよかったのだけれども、逆に現状を把握しにくい。ですから、学校で奨学金を問題にするのはとても難しい。先生が「大変だぞ」と言っても自分に返済の大変さについてのリアリティがないと、説明に説得力と実感がなくなりがちです。

松野尾 大学院生の就職問題で、小澤さんに少し補足的な話を伺います。先ほどのお話で、工学部など理工系の場合、いわゆる学校推薦よりも自由応募のほうにシフトしているということですが、それはどういう事情からそうなるのですか。

小澤 確かに企業から自分の学科に推薦依頼があって、それに応募するほうが就職しやすい。そうではあるのですが、結局やりたいことができる企業がないということで、自由応募となります。要するに、就職サイトを使って、自分でルートをつくって就職するという人たちが私の周りにはとても多い。学校推薦を使っている人は、私の周りでは本当にゼロです。

松野尾 就職支援では、大学も生協も大学院生の希望をきちんと捉えてやってこなかったことに気付きました。特に地方の大学では、理工系修士課程修了者が企業等へ就職を希望する場合、自分の研究分野に相応しい企業が地元にあるとは限りません。生協としても大学院生のための就職支援の工夫にもっと取り組むべきだと思います。

もう一つ、生協として今すぐにでも取り組むべきこととして、障害のある学生の就業体験についての大学と大学生協との連携があります。大学生協が学内でできる就業体験の場として、適切なアルバイトなりインターンシップをつくっていくことはあり得ると思います。舩越さんに伺います。生協が実際にこういうことをやろうとする時に、どういったことに注意をしたらいいのでしょうか。

船越　障害のある学生たちは、大学入学後の早い段階で、自分はどういう働き方ができるのかを考えるため、自己理解をする機会が必要です。職場体験やアルバイトの機会を持ち、実際に働く中でできないことがある時には、これは自分にはできないからサポートしてくださいと言えるように練習をしていけばうまく働けるという経験を積むことは大事で、これすなわち自己肯定感を高めていく経験にもなりますよね。

そういった時に、外部の機関や企業にそれをお願いして、大学と協業する仕組みをつくるのはなかなか難しい。大学としては障害のある学生の個人情報を学外に出すことの問題もあります。ですから、学内で顔を見知った大学職員と生協職員と学生とで、情報交換しながらゆっくり時間をかけて、こういう障害があって、こういうサポートが必要ですということを共有した上で、就業体験の機会を提供する。生協が障害のある学生の自己肯定感を高め、生きる力を付ける場所として非常に有効なのではないかと思います。障害のある学生の支援を担当する者として、大学と生協の連携に期待しています。

松野尾　討論の時間も残り少なくなりました。最後に、大内さんから大学生協に対してこれをきちんとやらなければ駄目だという、大きなところで結構ですけれども、生協を叱るような、ひと言をお願いします。

大内　叱るのではなく応援したいです。今日の私の発言のポイントは、日本は社会システムの転換に失敗したということです。私は大学院生のときに日本はなぜ中間層が分厚いのかというテーマで論文を書いたのですが、最近書いた論文のテーマは「中間層の消滅」です。階級の岩盤が薄く、中間層が分厚いために、同タイプの自動車が行き渡る日本社会の特徴とその要因を大学院生時代には研究していました。ところがわずか30年ぐらいで中間層が消滅へと向かっています。

日本では高度経済成長が終わった後、成長による問題解決はできないことが明らかであるにもかかわらず、頑張れば何とかなった人たちの声が大きくて、あるいはその時の成功体験が強過ぎて、要は給料さえ増やせば何とかなるという意識がずっと続いてきた。しかし、今は学歴があっても給料は年々上昇しない。生活は常に不安定です。自分の所得だけでは安定した生活ができないのだから、「所得プラス社会保障」で何とかするという話になるはずなのに、その仕組みを作ることを怠ってきた。社会システムの転換が必要なのに、それをしなければ、こうなることは明らかだと思います。

自己責任論がなんでこれだけ根強いのかという理由は、高度成長の時のモデルがあたかもその後も続くかのように考えられていることです。本来であれば社会保障へシフトしなければならないのに、社会保障を減額するか消費税を上げるかという2つの選択肢だけが提示されてきた。しかもその消費税の増税以上に所得税と法人税を削減してきたので、所得の再分配機能がほとんど働かない。応能負担の税制によって社会保障を充実させ、平等化につなげることが可能であるのに、日本では税をかけて社会保障を実施した後、貧困率が上がるというデータまであるのです。

ということは痛税感ばかりあるから、多くの人が増税に反対する。公的なものに対する攻撃が行われる。たとえば「国立大学は無駄だ！」とか。そうすると市場化や民営化が進むので、自分で頑張るしかない。みんなで我慢して何とかしようということになる。こういうかたちで新自由主義グローバリズムと「小さな政府」を支持する大衆意識がつくられてきた。

自己責任論から逃れるためには、1960年からの成功体験を相対化することです。加えて、この30年間の誤り、税と社会保障が全く不平等化を是正してこなかったということを問わないと始まらない。家族で何でも解決できるなら、政治は要らない。税は要らないですよ。でもいまだに家族で何とかしようと思っている人が多い。とにかく可処分所得を増やそう、と考える。資本主義で所得の再分配をやらなかったら、格差が広がるに決まっているではないですか。そして、いよいよ今度は正面から格差を肯定する。生まれながらに決まっているとか。自己責任、排外主義、優生思想というのはこうして出てきたのだと思います。

協同組合とか、社会的連帯ということを考えるのであれば、これまで社会保障のことをあまり考えることなく、多数派の生活が保障されたのは例外的な時代だったのだということを踏まえて、むしろ生活協同組合というものが、それとは違う生活保障のシステムをつくっていくことに意義があるでしょう。しかし一方で、生協運動自体がこれまで経済成長によって形成された中間層の人たちによって支えられてきたということがあるので、そこが難しい。生協がこれからの活動を展開していくためには、事業のつくり方とか、活動の仕方を考え直さないといけない時期に来ていると思います。

「『愛知県　学費と奨学金を考える会』へのカンパのお願い」という資料がありますが、これは若い人には経済的負担を絶対にかけないという原則を示しています。学生が240円の往復交通費は無理だから会の活動に参加できないと私に言ってきました。私は本当にびっくりして、240円ぐらい何とかなるだろうと思っていた自分の認識不足を反省しました。

何をするにしろ、きちんと実行するのであれば、実行するだけの予算と人を付けるべきです。「反緊縮」というヨーロッパやアメリカで起こっている社会運動の動きは注目に値します。アメリカではニューヨークの公立大学が授業料ゼロになりました。今年、ニューヨークで給付型奨学金によって授業料をゼロにする私立大学医学部が登場しました。イギリスでも授業料ゼロの運動が広がっています。約40年前から新自由主義グローバリズムを進めた英米で、普遍的な社会保障を求める動きがとても強力になっているというのは歴史的な転換だと思います。日本でも早くそういう動きをつくりたいし、奨学金運動やアルバイトの問題、ここで出された大学院生、障害のある学生の問題はそういう大きな枠の中で考えることが大事だと思います。私の話は以上です。

松野尾　ありがとうございました。シンポジウムのまとめをいたします。

今日の学生が抱える生活困難を個人の責任、あるいは家族の責任として扱うことが極めて不適切であるということは共通の理解になったと思います。決して個人が背負うべき事柄ではない、家族が背負うべき事柄でもないということです。大内さんのレジュメに、「学生であることを獲得する」という指摘があります。これはとても重要なことだと思います。私なりに補足的に言えば、学生として生活する権利を獲得するということです。高齢者が働かなくても安心して生活ができるように年金の制度があるのであれば、学生には働かなくても安心して勉強ができる奨学金の制度があってよいはずです。大学入学というのは学生としての身分を社会が認めたということですから、あとは自己責任では済まないはずです。

「学生生活支援を考える」というところから今日のシンポジウムを始めました。そこから一歩を進め、大学生協から学生の生活保障について本格的な議論をおこしていこうという提起をして、シンポジウムの結びといたします。本日はパネラーの方々にはお忙しい中、お集まりいただきました。ありがとうございました。

皆さん、ご協力ありがとうございました。これにてシンポジウムを終了いたします。

（お断わり）　討論のなかでフロアから自由にご発言をいただきました方のお名前は、ご発言に先立ち公表のご承諾を得ていないため、本書収録にあたり伏せることといたしました。ご発言者並びに読者の皆様にご諒解をお願いする次第です。　編集委員会

第Ⅱ部

学生生活支援事例集

第Ⅱ部解説

戦後、日本における大学・短大への入学者は、1970～80年代の一時期を除いて、基本的に増加を続けてきました。2004年には、18歳人口における大学・短大への進学率は50%を上回り、2010年代は50%代後半で推移しています。今日、18歳人口の2人に1人は大学もしくは短大に進学しており、高等専門学校を含めた全国1,175の高等教育機関に約300万人の学生が在籍していることになります。かつては数%に過ぎなかった進学率の大幅な上昇にともない、キャンパスの風景も時代時代で様相を変えてきましたが、それでも多くの学生がキャンパスで日々勉学に励む日常は変わっていません。

社会的に見れば、高等教育を受ける若者の増加は、その社会の成長や成熟に欠かすことのできない要素であり、また、一人ひとりの人生においても高等教育における学修は貴重な財産となるものです。しかし、学生の絶対数の増加は、学生生活を送るうえで様々な困難を抱える学生の増加にもつながっており、そうした学生への支援は現代の大学が直面する喫緊の課題の一つです。

たとえば、学生たちが直面するもっとも顕著な困難は、重い経済的負担です。全国大学生協連が毎年おこなっている『学生生活実態調査』によれば、下宿生の家庭（保護者）からの毎月の仕送り額は、1990年代には60%近かった「10万円以上」が、現在では30%程度にまで落ち込んでいます。入れ替わりに「5～10万円以下」「5万円以下」がそれぞれ10ポイント近く上昇し、「仕送りなし」の割合も微増しています。こうした傾向は、日本学生支援機構による『学生生活調査』でも確認できます。

家庭からの仕送り額が減少したのは、学費（授業料）や生活費が値下がりし、必要性が低下したからではありません。周知のとおり、大学の学費は国立・私立ともに上昇を続けています。1975年の入学金を除いた国立の1年間の学費は3万6,000円、私立の平均は約19万円でした。ところが現在、国立は年53万5,800円、私立の年平均は約86万と大幅に値上がりしています。学費の上昇だけでなく、日本経済の長期停滞という社会的要因も重なり、大学進学・在籍のための家計の経済的負担は重くなる一方です。

そのため、多くの学生は奨学金やアルバイトを利用しています。しかし、第Ⅰ部でも言及されたとおり、むしろこれらが学業や学生生活に大きな負担を強いる現状があります。

2019年現在、日本学生支援機構の奨学金貸与者数は130万人を超え、学生の3人に1人は奨学金を借りている計算です。ただし、日本の奨学金は貸与型であり、原則として返済を求められるため、100万人以上が卒業時点で数百万円の借金を背負うことになります。多額の奨学金の返済を見越せば、新卒の就職状況は改善されつつあるとはいえ、学生生活のあらゆる場面において就職を意識して、「それは就職活動に役立つのか」を判断基準に学生生活を送らざるを得ない状況に多くの学生は置かれています。

また、学費や生活費を賄うためにアルバイトに精を出す学生も少なくありません。ところが、サービス業を中心に労働力不足が深刻化しており、本来は補助的労働力であるアルバイト学生を基幹労働力として位置づけ、過度の労働負担を強いる事例も増えています。アルバイトのためにゼミや授業を欠席せざるを得ないなど、学業のためのアルバイトのはずが、むしろアルバイトが学業に悪影響を及ぼすような事態も生じています。

こうした大きな経済的負担や就職に関わる困難は学部生に限った話ではありません。大学院で学ぶ院生にも共通する問題です。大学院拡充政策が本格的に推進された1990年代以降、大学院生は増加の一途を辿りました。現在では修士・博士課程あわせて約25万人が大学院に在籍しています。院生が増加した一方、とくに博士号取得後の出口問題は深刻化し、進路として不安定かつ低賃金な非正規雇用を選択せざるを得ない院生も少なくありません。さらに、奨学金の減免枠や研究職ポストを巡る激しい競争から、研究分野を専門化して短期間に多くの業績を積まなければならず、多様な研究分野に接し、知見を養う機会が昔に比べて少なくなっています。

さらに近年、障害のある人の権利についての理解が社会的に広まり、障害のある人に対する差別の禁止と、合理的な配慮の提供が雇用や教育の現場における義務となりました。それまで進学という選択そのものを選び取る機会を奪われ、さまざまな不利を被ってきた人たちが、学ぶ機会を得られるようになったことは歓迎すべき変化でしょう。しかし、様々な障害による不利への支援は、多くの大学で緒に就いたばかりです。たとえば、スロープやエレベーター、多目的トイレ等の設置といったハード面、また視覚・聴覚障害に応じた学習支援や彼らに配慮した講義の実践等といったソフト面の両面から、さらなる支援が必要とされています。

現在のキャンパスにおいては、留学生の増加も顕著です。2008年に自民党福田政権は留学生30万人計画として、2020年までに留学生の受入を倍増させるという目標を掲げました。この計画を受けて各大学は留学生の受け入れを強化し、その結果、2018年時点で受入留学生は約29万人に達しました。しかし、留学生数が急速に増加する一方、彼らを受け入れるための支援はまだまだ不十分だといわざるを得ません。言語の違いに配慮した学修支援といったキャンパス内の支援に留まらず、文化や生活習慣の異なる学生の衣食住に配慮した生活支援など、地域社会とも連携した支援が広く求められています。

ここまで、現在のキャンパスに集う学生たちが抱える困難の一部について述べてきましたが、かつての学生たちの抱えた困難とは質と量の双方で異なる困難が生まれていることは明白です。こうした困難を抱えている学生たちは、キャンパスにおいて多数派ではないかもしれません。しかし、少数だからといって見過ごして良いわけでもありません。学生の多様化が続くもとで、大学および大学に関わる人々に求められているのは、「学んで生きる」ことを本分とする学生が、学生らしく学べる場として、大学を機能させることです。もちろん、これまでも大学や大学に携わる関係者は、それぞれがそれぞれの領域で支援を積み重ねてきました。大学は、ハード面もソフト面における手厚い支援を、後援会などの関係組織・団体と連携しながら展開しています。教鞭をとる教員も、自身の講義や学生指導において、多様な学生を前提とした工夫を取り入れるとともに、地域社会と連携した学生支援の仕組みづくり等に奔走しています。そして、戦後すぐの時期から「学ぶことは食べること」を出発点に、学生生活の支援を自らの役割とした大学生協も、食に留まらず、多彩な学生生活支援に取り組んでいます。

そのうえで、現代における学生の多様化は、個々の取組みに留まることなく、大学に関わるもの全てが協同して、新しい学生支援の枠組みや取組みを生み出すことを求めています。本書第Ⅱ部の意図は、そうした取組みをより広げるための、あるいは自分たちの支援のヒントを見つけるための事例を読者に提供することです。

本書の基となった2018年全国教職員セミナーの議論を進める過程で、全国の大学、地域、大学生協などでは、それぞれが新しい学生支援の取り組みを始めていることが明らかになってきました。そこで全国の会員生協の協力のもと、学生生活支援の事例を収集して、セミナーの際に『大学生を支援する全国50の事例』として発行しました。50の事例はいずれも、学生が抱える困難を多面的に支援する取組みであり、その主体も大学生協や大学だけでなく、地域のNPOなども含めて実に幅広いものでした。本書第Ⅱ部として、事例集から地域や支援の内容を考慮しつつ、編集委員の論議によって20の事例を選びだし、さらに詳しくその内実を述べていただくことにしました。次ページ以降、各地の学生支援の活動の名称を見出しとし、支援を主に担う組織と始まった時期を紹介したうえで、その内容を詳述していただいています。本書第Ⅱ部を活用することで、現代の学生が抱える困難とそのための支援内容を広く捉えることが可能です。

もちろん、これらの事例は大学や大学生協、あるいは地域による学生生活支援の一部でしかありません。全国各地には、これらの事例と共通する支援や、まったく異なる視角からの支援もあるでしょう。読者の身近で進められる支援について、より学生のニーズに寄り添った学生の生活支援として発展していく際の参照点として、本書が役立つことができれば幸いです。

加賀美太記（第Ⅱ部編集担当）

1. 学生マンション LP ガス料金透明化への取組み

北海道大学生活協同組合

活動開始時期：2016 年 5 月〜

■ —— 支援の具体的な内容

北海道大学生活協同組合（以下北大生協）では、大学の委託を受けて大学に合格して初めて一人暮らしを始める新入生や、在校生の住替え時のすまい紹介事業を行っています。

北海道では 1 年の半分程度を、暖房器具を使用して暮らすことになります。すまいを探す学生の多くは北海道以外から来ていますが、冬季に暖房器具を使用することに関する知識がありません。そのため、すまいを紹介する際には、冬の暖房についての説明が不可欠になっています。部屋の費用等をお伝えする際に家賃等初期費用の他に、入居後生活を始めてかかる水光熱費等の初期費用、特に冬期間は暖房のための費用の説明は重要になっています。

北大札幌キャンパス周辺の賃貸マンションは LP ガスが最も多く、物件毎に料金設定が違っているため、北大生協では LP ガス料金を明示してすまいを紹介しています。

■ —— 支援の背景

アパート・マンションの暖房設備の熱源は電気、都市ガス、LP ガス、灯油の 4 種類ですが、北大周辺で最も多いのは LP ガスを熱源とした暖房設備を設置している居室です。LP ガス以外の料金は住んでいる物件と関係なく料金が決まっていますが、LP ガスは例え同じガス会社から供給されていても、物件によって料金が違っています。さらに料金を明示している場合はほとんどなく、入居後冬を迎えて暖房料金の請求が来て初めて料金がわかることになります。LP ガス料金はその他の熱源に比較して料金が高いことが多く、せっかく安くてよいと思って入居したマンションでも、冬になり高額の暖房料金の請求が来て初めて LP ガス料金の高さを実感することになるということもあり、入居者の保護者から北大生協に苦情が寄せられることも多々ありました。

■ ―― 支援の利用・実施状況

2016 年 4 月から北海道生協連の協力をいただき、北大生協で紹介している LP ガス暖房機を設置している物件の料金調査を実施しました。対象は 101 棟 2,800 戸で、LP ガス業者 30 社から物件ごとの料金表を取り寄せました。

各物件の料金の格差は当初の予想をはるかに上回ることが判明し、調査データは北海道生協連に提出するとともに、北大生協ですまいの紹介する際に、LP ガス料金を組合員に明示することにしました。その結果家賃の他に気になる LP ガス料金を知った上ですまい探しが可能になり、入居後のランニングコストを想定したすまい探しが可能になりました。

LP ガス料金をすまい紹介の際に明示している不動産業者は、北大生協以外ではないと思います。

■ ―― 支援における今後の課題

今回の取組みは今までアパート・マンションに入居している北大生が支払っている LP ガス料金の内容を知らせること、入居前に LP ガス料金を知った上ですまい探しが可能になる環境を整えること、さらに北大生協が北海道生協連とともにこの流れを加速させることで、マンションオーナー、管理会社、LP ガス業者にプレッシャーを与えて、LP ガス料金の透明化を進めることに加えて、高い料金を値下げさせることも目的でした。

すまい探しの場面では LP ガス料金を知った上で、すまいを決めることが可能になりましたので、来店する北大生からは大変喜ばれています。LP ガス料金は物件ごとに差が出ていますので、高い料金設定をしているマンションは、例え良質な物件でも学生から敬遠されることも多くなりました。他の物件のガス料金を知ったオーナー等が、料金を下げて対応するマンションも出てきましたが、まだまだ他の熱源に比べて料金が高いのが現状です。

北海道外から北大に入学する学生が安心して生活を送るためには、寒さ厳しい冬を暖かい部屋で過ごすことがとても大事だと思います。せっかく気に入った部屋が見つかっても、LP ガス料金が高くて入居することをあきらめてしまうことがおきないように、今後は北海道生協連と協力しながら安価で料金体系がクリアーな LP ガスを供給していく立場で、安全・安心の住環境作りに関わっていきたいと思います。

（村田礼仁：北大生協・職員）

2. 海外留学および研修支援制度

北海道教育大学函館校
活動開始時期：2014年～

■―― 支援の具体的な内容

北海道教育大学函館校では、総額約1億円の国際交流基金の運用益と原資の一部取り崩しおよび教職員、卒業生、函館近郊の民間企業等の関連団体から募った教育支援基金を合算して、年間200万円程度の予算を確保し、海外留学生や研修生、海外スタディツアー等の海外体験型授業に参加する学生に対して奨学資金を支給しています。

■―― 支援の背景

函館校は教育学部内に設置された国際地域学科という特殊な教育課程をもち、海外留学や海外研修を必須とする授業がコアカリキュラムとして位置づけられています。函館校には北海道教育大学5キャンパス中で最も経済的に恵まれない学生が多いため、学生による渡航旅費などの経済負担を軽減する措置が不可欠となっていました。

また、国際地域学科設置当初は大学の特別予算措置によって海外体験型科目履修生への奨学補助が行われていましたが、完成年度以降は予算措置が打ち切られ、函館校での独自予算の確保が求められていました。

■―― 支援の利用・実施状況

（1） 制度の枠組み

留学協定にもとづく派遣を含む6カ月を超える私費長期留学生に対する奨学金は13万円、3～6カ月の中期留学生に対する奨学金は10万円、短期研修生に対する奨学金は4万円、その他の授業（海外スタディツアー、国際協働キャリア実習、国際協力実習、海外日本語教育インターンシップ等）に係る派遣補助として、受講生１人あたり２万円が支給されています。

（2）安定財源について

現在のところ大学生協の関与や支援はありませんが、総額約１億円の北海道教育大学函館校国際交流事業基金の運用益と基金の取り崩し、および個人、企業、団体から募った教育支援基金を合わせて、少なくとも年間200万円程度の財源が確保されています。

（3）利用状況について

留学生については成績順に定員数の学生に支給されるため、希望者全員に支給されるわけではありませんが、海外スタディツアーなどの１週間程度の短期研修生については、ほぼ全員に支給されています。

■――支援における今後の課題

年々、海外留学および海外研修の参加者が増加しており、補助金制度の財源不足が危惧されています。とくに国際交流事業基金は運用益がほとんど見込めないため、毎年原資を取り崩している状況にあり、将来的な基金枯渇の危惧が課題となっています。

（田中邦明：北海道教育大学函館校・教員）

3. 大学と共に取組む「100円朝食」

弘前大学学務部学生課・弘前大学生活協同組合

活動開始時期：2015年～

■ ── 支援の具体的な内容

弘前大学では2015年7月から学生への支援の取組の一つとして、「100円朝食」の取り組みを始めました。弘前大学学務部学生課と弘前大学生協の食堂部とが協力して始まった企画です。対象は弘前大学の学生です。

最初は、2015年7月から8月にかけての前期終了時の平日10日間、1日100食限定でした。初日には、佐藤学長、伊藤副学長（教育担当）も学生たちと一緒に朝食をとって頂きました。

3種類の定食メニューを日替りで繰り返し提供しており、ニュース報道等があった翌日からは、普段はできない朝食への行列ができました。朝8時開店、100円朝食の提供開始から30分ほどで売り切れてしまいました。前期の人気から、後期も実施することになり、1月下旬から2月の後期最後の10日間は、雪の降る朝にも行列ができるようになりました。

メニューには、学生課からの要望で、青森県産の食材・特産品を使っています。青森県産の米、郷土料理を取り入れるようにしています。ボリュームもたっぷり、栄養バランスもとれた朝食メニューです。

この豪華朝食を　学生たちはなぜ100円で食べられるのでしょう？

弘前大学の100円朝食は、通常の食堂の定食として提供する場合、520円から550円になるメニューです。そのうちの100円は利用者である弘前大学生、300円は弘前大学が負担し、残りの120円から150円は弘前大学生協が負担してできています。

2年目の2016年からは、大学で予算を増やして頂き、1日150食を提供できることになりました。前期後期同様に試験期の平日10日間に実施しています。

そして3年目、4年目と継続して実施しています。毎回メニューの内容を変更しています。

食材価格の高騰もあり、人気はあっても提供を続けられないものもありましたが、学生たちに美味しいものを食べさせたいという食堂職員たちの想いもあり、提供方法を工夫しながら続けています。2018年の後期には、野菜たっぷりの汁ものの郷土料理で冬の寒さを乗り越えてほしいという願いを込めて、1週目には「けの汁」（津軽地方の郷土料理）、2週目には「せんべい汁」（八戸地方の郷土料理）を組み合わせ、5種類の主菜と合わせて毎日異なる日替わりメニューを提供しました。

この取組には、地元企業の協賛もいただき、萩原乳業株式会社様が青森県産牛乳（200ml）を提供くださっています。

■ ── 支援の背景

2015年の冬、弘前大学学務部学生課から弘前大学生協に相談がありました。

当時、いくつかの大学では、後援会や保護者会、あるいは企業の宣伝として行っている支援として「100円朝食」「0円朝食」が報道されていました。

学生課から生協にはこのような相談がありました。「学生生活でのリズムが夜中心で、就職活動をする時期になっても、朝に起きることができず遅刻する学生がいるということを聞き、生活改善の提案が必要だと感じている。その方法として『100円朝食』を用意できないだろうか」

そこから100円朝食は次の3つの目的をもって始まりました。

①3食食べるという正しい食生活を習慣づけてほしい。

②青森県産の食べ物を知り、食べてほしい。

③朝食を摂って、元気に試験に臨んでほしい。

■ ── 支援の利用・実施状況

2015年　前期後期　それぞれ最後の平日10日間　1日100食

2016年～2018年　前期後期　それぞれ最後の平日10日間　1日150食

弘前大学生協文京食堂 Horest（ホレスト）では、朝8時から10時が朝食タイム。

用意の数量は毎日完売。最短記録は　8：00 ～ 8：17 で　150 食完売。

「100 円朝食」の期間は、他の日よりも朝食時間帯の利用者数は、100 ～ 200 人増。

■ —— 支援における今後の課題

毎回利用者のアンケートを記入していただき、感想や要望を聞いています。希望が多いのは　海産物です。青森県産というと大間のマグロや陸奥湾のホタテなどのイメージが強いからです。残念ながら、予算の面からこの要望にはなかなか応えることができませんが、食材が豊富な青森県なので、野菜を中心にした学生に喜んでもらえるメニューを用意していきたいと考えています。

朝食の習慣化を目的の一つにしていますが、夏休み春休みの前が実施時期になるため、その後の習慣になっているものか検証できないのが残念です。生協食堂だけではなく、自炊で朝食を用意することができるような活動も行っていきたい課題です。

また、行列に並んでも食べられなかった学生がいるということを考えると、提供数を増やすことができるのかということも課題です。

アルバイトの収入を生活費にあてている学生も多くいる中、生活支援としての「食」の提案は、学生たちが利用しやすいものです。大学と生協が協力してできるこの企画を継続できるように働きかけていきます。

（小野美穂子：元弘前大学生活協同組合・理事 専務補佐）

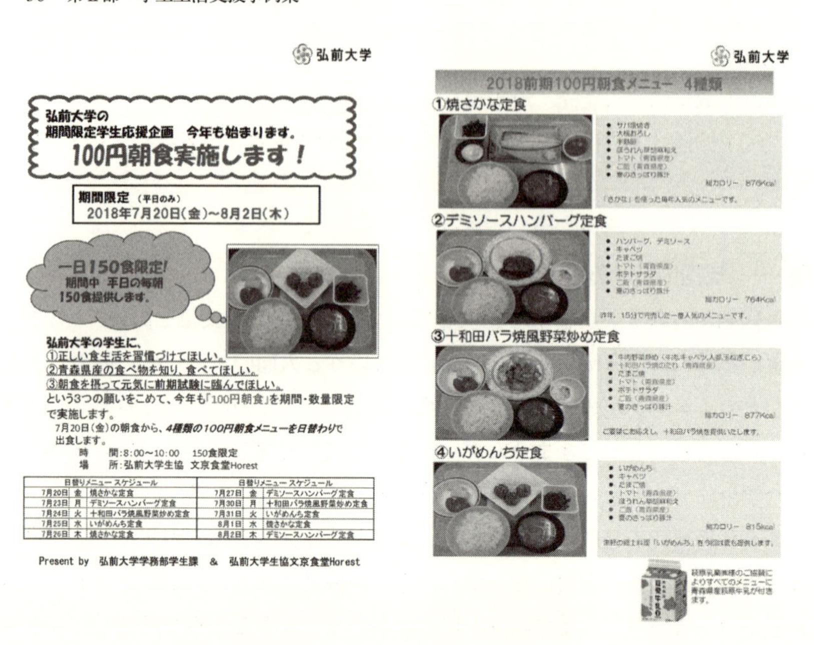

2018年前期「100円朝食」の案内ポスター

実際の100円朝食と利用する学生たち

4. 山形大学生協の学生支援の取組み

山形大学生活協同組合

活動開始時期：2006年～

■ —— 山形大学生協の概要

山形大学生活協同組合（以下、生協）は1960年に創立された職域生協です。2010年より山形大学（以下、大学）との間で「業務委託契約書」による「福利厚生業務の一部」を受託しており、受託業務は「学生・教職員に対する福利厚生の充実」具体的には「(1) 食堂業務、(2) 購買業務、(3) 住居・旅行等の各種斡旋業務及びサービス業務」としており、山形大学4キャンパス（小白川・飯田・米沢・鶴岡）に7店舗・5食堂を構えております。

■ —— 学生支援の取り組み概要（支援の具体的な内容）

生協では、大学から施設を借り受ける中で「生協としても施設投資ができるような経営」「キャンパスアメニティ向上としての組合員貢献」をビジョンとして掲げ、「米沢キャンパス食堂ホールのエアコン設置（2006年寄附：860万円）」「小白川キャンパス食堂の増床（2007年寄附：5,500万円）を行っております。

また、2006年より「山形大学学生支援基金」（現：山形大学基金[1)]）への寄附を毎年行ってきており、学生支援のほか、教育研究支援、国際交流支援、キャンパス環境整備支援、社会連携・社会貢献活動等支援等、山形大学運営全般への支援に充てられております。

他にも2011年より大学と共に「学生証一体型IC組合員証」に取り組んでおります。このカードは「教室へのチェックイン管理（出欠確認用）」「証明書自動発行機」「図書館情報管理」の他、生協で使用できる「電子マネー（Co-Pre®）」機能としても活用されており、生協店舗だけでなく、自動販売機やコピー機などにも活用されております。

■── 受託業務年次報告会（支援の背景）

生協では、受託業務の「学生・教職員に対する福利厚生の充実」に沿って、「組合員サービス向上の努力」を日々行っており、その取り組みは「受託業務年次報告会」での「事業報告書」という形で毎年度大学に報告しております。この積み重ねにより大学の「生協の取り組み」への理解が深まってきていると感じております。

■── 支援の一つである「山形大学基金への寄附」（支援の利用・実施状況）

生協組合員である学生・教職員の利用で生み出された生協の剰余を「組合員に対して利用時に還元する（ポイント還元や書籍等供給時値引きによる還元）」と共に、「大学への寄附を通じて還元する」ことを、生協理事会では協議・議決しております。寄附額については「山形大学オリジナルグッズ」「自動販売機」の供給高（利用高）を算出ベースとしております。2006年から13年間の寄附累計は6,139万円となっており、2017年に長年の寄附に対する感謝状をいただき、小白川キャンパス生協食堂に掲示しております。

■── 支援における今後の課題

社会の変化、大学の変化、学生の変化により、求められる学生支援が変わってくると考えております。生協理事会として、幅広い意見をとりまとめながら、「山形大学学生支援」の更なる向上を図って参ります。

（藤巻　正之：山形大学生活協同組合・専務理事）

山形大学生協から山形大学基金への寄附金贈呈の様子
（写真提供：山形大学）

1) 山形大学基金 https://www.yamagata-u.ac.jp/jp/fund/about_fund/outline/

5. 新入生歓迎会での新入生のサポート

桜美林学園消費生活協同組合

活動開始時期：1990年代

■── 支援の具体的な内容

桜美林学園消費生活協同組合では、毎年3月の中旬から下旬にかけて、新入生歓迎会を開催しています。生協学生委員会が中心となって企画し、主な内容は、「友達作り企画」「部活・サークル紹介」「交流会」です。

「友達作り企画」では、新入生5人と在学生1人で班を作り、様々なゲームを行い、その中で新入生同士がコミュニケーションをとれるように工夫しています。また、在学生を班に入れることによって、ゲームの進行や会話の盛り上げ役など、新入生が気持ちよくゲームに参加できるようにしています。

「部活・サークル紹介」では、約3分間を、学内の各団体が舞台上でパワーポイントや動画、実演など様々な形で新入生に自団体について紹介します。本企画では多くの学内団体に参加していただけるように、大学内の掲示板やSNS、直接オファーをかけるなどして参加を募りました。

「交流会」では、同じ班の在学生や、「部活・サークル紹介」で舞台に立った団体の方から、直接学生生活（大学の授業の様子、サークル活動、就職活動など）に関する話を聞くことができます。また様々な団体のブースを見ることによって、在学生の大学生活や活動の様子をより深くまで知ることができるようにしています。

■── 支援の背景

新入生歓迎会は、参加アンケートに記載されることが多い「新入生の学生生活に対する不安」に着眼し、入学予定の新入生の「大学生活での不安を取り除く」という理念のもと、企画の立ち上げや構成を行っています。その他、アンケートの中で多く声が挙げられていた、「友達が作れるか不安」「団体活動と勉強との両立ができるか心配」などにも注目し、今年は新たな企画を立ち上げました。

■ —— 支援の利用・実施状況

2018 年 3 月の新入生歓迎会は 2 日間開催され、参加してくれた新入生は約 250 名、協力してくれた在学生約 100 名、学内団体 11 団体でした。

参加者のアンケートでは、「ステキな場をありがとうございます」「一緒の班の人が良い人たちで、周りのスタッフさんもサポートしてくれてとても楽しく参加できてよかったです！」「学生主体で頑張っているのがよく分かった！」などの意見があり、おおむね満足していただけたと考えています。

■ —— 支援における今後の課題

新入生歓迎会は、生協学生委員や生協職員だけでは成立しない企画であり、大学にいるすべての人の協力が必要といっても過言ではありません。

そのため、在学生の協力はもちろん、今後さらに大きな規模で新入生を支援する企画を行うにあたっては、教員や大学各部署からさらに多くの理解と協力をいただくことが必要であると考えています。そのためには、大学生協が何を目標としているのかということを、学内協力者の方々に共感してもらうことも大切です。

今後も、企画の規模を拡大し、協力していただける方を増やしながら、新入生の支援となる企画を行っていきたいと考えています。

（菅原大祐：桜美林大学リベラルアーツ学群 4 年）

6. 一橋大学生協寄附講義「食の科学」

一橋大学消費生活協同組合
活動開始時期：2011年～

■── 支援の具体的な内容

一橋大学消費生活協同組合（一橋大学生協）の寄附により開設された一橋大学の講義で、履修学生に対し、食に関する意識を啓発し、健全な食生活を心掛け、さらに、食育基本法や食に関する重要な知識を理解し、食育を推進できる人材を教育するとともに、農産物や食糧・食材の生産・流通・消費・リサイクル・廃棄について、理論と身近な大学食堂での体験を通して理解し、環境的な側面からも食を検討するようになるための講義です。この取り組みは、平成27年度の内閣府発行の「食育白書」や「若者に関する食育推進の取組事例集」に取り上げられました。

■── 支援の背景

一橋大学生協は、その前身の「一橋消費組合」の設立から、2010年で100周年を迎えました。その記念の取り組みとして一橋大学への寄付講義が検討されました。一橋大学生協は食堂を運営していますが、利用者が減っていること、学生の食生活の実態が良くないことを考慮して、学生には「食」について向き合ってもらい、生協の食堂事業や共済などの事業を理解してもらうためにも、食に関する寄附講義を行うこととしました。筆者は東京農工大学消費生活協同組合で理事長であり、食育をテーマとして授業や啓発活動を行っていましたので、大学生協連合会東京ブロック・理事長会議の時に、当時の一橋大学生協山崎理事長から寄付講義の講師とコーディネーターの依頼を受ました。

「食の科学」は大学共通科目で学部・学年の制限がなく受講できます。一橋大学は商学部、経済学部、法学部、社会学部から構成されていて、どの学部生も興味を持てるように、幅広く「食」に関することが学べるようにしました。

商学部生には農産物の流通に関する講義、社会学部生には環太平洋パートナーシップ（TPP）協定に関する講義、法学部生には弁護士による講義など、専門性を意識した講義の構成としました。また、全体的にまとまりのある1連の講義になるように、講義の順番や内容工夫しました。さらに、大学生協らしい内容として、大学生の食生活等の生活改善や学生生活上の危険を意識してもらう導入教育としての内容も含めました。また、講義にはグループワーク等も含め、アクティブラーニングを積極的に取りいれることで、受動的に学ぶのではなく、学生自身に気づいてもらう学習方法も取り入れました。

■——支援の利用・実施状況

授業は、講義、演習、グループ討論、食堂施設見学などを通して理解を深め、2018年度は以下の内容で各回105分の授業を行いました。

●農畜産物の流通とTPP問題（4回）

1）農産物流通論①：自給的農業と商業的農業、商品生産農業と農業市場、農産物の供給構造など（農工大・野見山）

2）農産物流通論②：農産物の市場構造、流通過程と流通機構、卸売市場の機能と役割、農産物流通と価格形成など

3）TPP／FTA問題と日本の食料・農業（福島大・生源寺）

4）日本の農政の動向（元農水大臣・山田）

●食に関する理解を深める（4回）

5）エネルギーの定義とエネルギー摂取・エネルギー代謝（農工大・佐藤）

6）食肉利用の歴史と食肉加工（麻布大・坂田）

7）食中毒の基礎知識（信州大・高本）

8）食に関する環境教育アクティビティ（農工大・佐藤）

●大学生協の食への関わり（5回）

9）食育プログラム体験：食育基本法と食育推進食事バランスガイドと3群点数法（農工大・佐藤）

10）一橋大学食堂の厨房・調理機械と食堂経営、間伐材割りばし（一橋大生協・姫田　農工大・佐藤）

11）大学生協の食堂事業（事業連合・中西）

12）大学生の健康と保障制度：大学生のための総合共済、食生活に関連するリスク（共済連）

13）NPO JUON NETWORK の活動と間伐材割り箸（JUON NETWORK・鹿住）

授業では以下の到達目標を掲げました。

・食育基本法について講義とワークショップにより理解する。

・栄養や衛生についての知識を持ち、自らバランスが取れた食事、安全な食事が取れることを、講義と演習等により身につける。

・農業生産物の需要と供給、市場・流通について講義により理解する。

・大学生協の食に関する組合員活動の実践例を知り、演習・ワークショップを通して組合員活動の企画の能力を身につける。

・大学食堂事業や食品衛生管理の実践者から現場の声を聞き、現状を把握し、問題点を検討できるようにする。

・TPP 交渉など社会情勢を自分の食生活との関連から身近に意識するようになる。

・授業で行われるワークショップ（参加型学習）や体験学習プロセスを体験し、さらに、自らがファシリテータとして実践できる食育等の指導者としての能力を身につける。

初年度は受講生が 80 名程度でしたが、翌年から希望者が増え、抽選で毎年 240 名にし、実質 220 名程度が履修しています。評価は出席と期末レポートにより行っています。

■──支援における今後の課題

各回の授業感想やレポートからは、多くの学生が自身の食生活を見直し、改善の機会になったことがわかります。さらに、家庭や友人、バイト先、不特定多数などの周囲に食育活動を広げる活動をするようになった例も見受けられます。この寄付講義により、大学生協の大学への貢献だけでなく、実際に学生の食堂利用が増えてはいます。このような生協としての利点もありますが、継続や他大学へ展開のためには、大学生協の財政的な負担が課題です。

（佐藤敬一：東京農工大学・教員）

「食の科学」の授業風景

7. 障がいのある学生への就職支援・職業紹介

NPO 学生キャリア支援ネットワーク
活動開始時期：2017 年〜

■ —— 支援の具体的な内容

障がいのある学生の就職活動を支援する学校と障がいのある学生を採用する優良企業を職業紹介でつなぐ取り組みを NPO と専門企業との連携で進めています。

■ —— 支援の背景

障がいのある学生の中にはコミュニケーションが苦手であったり、アルバイトなどの経験が少ないために就職活動に苦労する学生が少なくありません。学校関係者にとっても発達障がいをはじめ精神障がいのある方々への就職支援については困難も多く、就職支援での重点となっています。学校と NPO と職業紹介業の連携で、障がいのある学生に伴走する支援を進めています。

■ —— 支援の場所

学校の面談室などで行っています。

■ —— 支援内容

支援内容は学校に障がい者専門職業紹介コーディネーターが出向いて、面談による希望条件のヒアリング、企業紹介、採用面接同行、就活に関する個別相談などを学校と緊密に連携して進めています。通常、面談は学校教職員、職業紹介コーディネーターと学生の三者面談により進めています。通常は、三者面談の後、企業見学、企業体験、アルバイト、正規職員面接、正規職員就職と STEP を踏んで進む形で双方の納得を得て次の段階に進むようにサポートしています。

■ —— 支援を構成する団体と役割

支援にかかわる団体は以下の2つです。

・NPO 学生キャリア支援ネットワーク。学校との連携のための調整を担います。

・株式会社アンプティパ。障がい者専門職業紹介を行っています。

■ —— 支援の利用・実施状況

2017年8月から、複数のサポステ、学校から30名を越える相談・面談を実施し、8名が就業開始しました。

利用者から以下のような感想をいただいています。

「1人では求人への応募の第一歩を踏み出すことが難しかったが、踏み出せた」

「企業体験、アルバイトを経て段階的に仕事に慣れることができた」

「会社へ直接言い難いことでもコーディネーターに相談ができた」

「自分に合った会社を相談する中で見つけることができた」

「学校の先生とコーディネーターの両方に相談しながら活動が進んだ」

「企業の考え方や企業の実際の情報とともにアドバイスいただいた」

■ —— 支援における今後の課題

採用企業の経営者や人事は、障がいのある学生の採用および採用後の人材育成についても困難を感じていることが多いために、企業への人材育成面でのコンサルテーションを同時並行して進めています。

（橋本光生：NPO 学生キャリア支援ネットワーク・事務局長）

就職支援・職業紹介問い合わせ窓口

ホームページ　http://www.scsnet.jp/

事務局長　橋本光生

携帯電話　090-8479-5343

8. 三重大学駅伝大会

三重大学生協

活動開始時期：2007 年～

■ ―― 支援の具体的な内容

三重大学生協では、三重大学の教職員と学生の健康増進及び体力向上を図りながら親睦を深める、また、地域住民との連携を図ることで、元気な三重大学創りに貢献することを目的として、2007 年から「三重大学駅伝大会」を開催しています。三重大学駅伝大会実行委員会の構成メンバーは、大学生協・トライアスロン部・生物資源学走ろう会が中心となって、12 月初旬の休日の午前中に行います。競技方法は、1 チーム（1 ～ 7 名）が、キャンパス内の 1 周 3km のコースを「たすきリレー」しながら 7 周（21km）する「ハーフリレーマラソン」となります。1 人で 1 周走るのが原則ですが、1 人の複数周も可能です。ただ、1 チームの人数は 7 名までとします。参加資格は、三重大学の教職員、学生（大学生、大学院生、留学生）、家族、近隣の住民となり、参加費は、1 チーム当 3,000 円ですが、傷害保険料やゼッケン代などに当てます。

第 12 回となる「三重大学駅伝大会」は、2018 年 12 月 8 日（土）午前 9 時から午後 12 時 30 分まで行われ、三重大学の教職員、学生のみならず、周辺地域の住民、地元の中堅企業の井村屋の従業員や関係者も参加し、67 チーム、470 名が参加しました。

■ ―― 支援の背景

三重大学は、地域圏大学として地域に根ざし、世界に通用する人材育成を教育理念としています。三重県は、1960 年代の日本の高度経済成長を支えた石油化学産業の四日市コンビナートからの大気汚染によって、1960 年代に四日市公害（ぜんそく）の深刻な被害を受けた時代的背景を有しています。また、2015 年 9 月の国連サミットで採択された、「国連持続可能な開発目標（SDGs）」の

17 目標のうち、目標 3「すべての人に健康と福祉を」、目標 4「質の高い教育をみんなに」、目標 11「住み続けられるまちづくりを」、目標 17「パートナーシップで目標を達成しよう」を有効なツールとした、「Think Globally, Act Locally!」を実現できる人材育成が求められています。

三重大学は、三重県唯一の国立総合大学として、経済と環境との調和を図る持続可能な地域創生を担うグローカル人材の育成による、大学の社会的責任（USR）を果たすことを目指しています。「三重大学駅伝大会」は、三重大学のミッションに相応する三重大学生協の重要な活動として位置付けられます。

■――支援の利用・実施状況

三重大学生協が中心となって、2007 年から行っている「三重大学駅伝大会」は、三重大学の教職員及び学生、周辺地域住民との連携による健康増進と体力向上を図りながら親睦を深める、元気な三重大学及び三重県創りに貢献する支援活動です。2018 年 12 月 8 日（土）に行われた第 12 回「三重大学駅伝大会」は、67 チーム、470 名が参加しました。2017 年は、60 チーム、400 名が参加しており、回数を重ねると共に参加チームや参加者が増え、大学内外からも注目度の高い年末の一大イベントになっています。特に、今回は、地元企業の井村屋から出場、協賛（井村屋賞として、井村屋のスポーツようかんの提供）の協力を得ることができました。

■――支援における今後の課題

「三重大学駅伝大会」は、年々参加チーム及び参加者が増加しており、大学教職員や学生、周辺地域の住民や地元企業からの参加が拡大するなどの成果を上げています。また、三重県の過去の四日市公害の教訓から学び、現在を知り、未来を担う人材育成（安全・安心なまちづくり、健康な人づくりを進められる人材）に必要不可欠な支援活動であります。さらに、国連持続可能な開発目標（SDGs）及びユネスコ持続可能な開発のための教育（ESD）などの国際的動向を踏まえると、今後の発展が多いに期待できます。

今後の発展的展開のための課題として、三重大学周辺地域の住民のみならず、国連持続可能な開発目標（SDGs）の最終目標17の「パートナーシップで目標を達成しよう」の目標達成に向けて、三重県全域からの産官学民との連携を図る必要があります。「三重大学駅伝大会」が単なる運動会のようなイベントではなく、国連持続可能な開発目標（SDGs）の自治体の成功事例となれるよう、産官学民のプラットホームとしての役割を担える発展的取り組みの戦略を練り、2019年の「三重大学駅伝大会」の新たな挑戦に期待したいと思います。

（朴　恵淑：三重大学・教員）

三重大学駅伝の案内ポスター

9. 大学院生のための就活対策セミナー

名古屋大学生協院生委員会

活動開始時期：2016 年～

■ —— 支援の具体的な内容

今日の就職活動において必要な考え方は、就職活動であり、就社活動ではないということです。数十年前と異なり、サテライトビジネスを展開している企業も増えています。企業の名称や知名度だけで独断して、入社試験を受けるような就社活動は、時にミスマッチを生じます。そのような状況下で就活生に求められる能力は、自身が取り組みたい仕事を明確化し、相手に適切に伝えられる能力です。

本企画においては特に、後者の「自分の取り組みたい仕事を相手に適切に伝えられること」に重点を置き、グループワークや個人ワークを通して学ぶ、実践型のセミナー形式を実施しました。

当会の企画運営スタッフは、半年前にコンセプトの検討を開始し、2 か月前に会場を確保しました。また、1 か月前よりポスター掲示等の広報により、参加者募集を行いました。セミナー開催にあたり、他大学での講演実績もある、生協組織外の人事コンサルタントを講師としてお招きし、人事目線でご講演いただきました。

企画内では、メラビアンの法則、自己紹介・他己紹介、研究のショートプレゼン、成果創出モデルを中心に取り扱われました。メラビアンの法則とは、人の第一印象は視聴覚情報が 9 割を占めるというものです（図 1）。そのため、自分が相手に与えたい印象を明確化し、第一印象として適切に表現することの重要性を学びました。自己紹介・他己紹介とは、2 人Ａ、Ｂが交互に自己紹介し、その後、また別のＣ、Ｄに対して、ＡはＢを、ＢはＡを紹介するというワークです。これにより自身に対する客観的な印象を聞けます。研究ショートプレゼンとは、3 人Ｘ、Ｙ、Ｚが、面接官、就活生、観察者役をロールプレイしながら、伝え方について考えるワークです。もし相手が違う専門分野の人間である場合、どのように説明すれば相手に『伝わる』のかを様々な視点で考え、実践します。最後に、成果創出モデルとよばれる、人間の能力と成果の関係をピラミッド化したモデル（図2）について学びました。下方にある要素ほど変わりにくい能力を示します。成果はその人の潜在的な基礎能力や性格特長が基礎となるというモデルです。たとえば、几帳面な人に金属の精密加工を要求することは、成果創出のためには適材適所です。

■ —— 支援の背景

大学院卒での就職が増加しています。特に大学院生は、学部生より2年間多く研究していることにより、専門性は高いです。しかし、聞き手が一般の方や専門分野の異なる人の場合、話が通じない場合もあります。

就職活動を乗り越え内定を得るためには、「相手に適切に伝えられること」と向き合っていく必要があります。大学院生の場合、就職活動において研究について質問される機会は幾度もありますが、聞き手の専門分野が異なれば、話が適切に伝わらない可能性も大いにあります。しかし大学院生は、他の専門分野の人と関わる機会が少なく、客観的な感想や意見を求めにくい環境にいるといえます。そのため、「どう説明したら相手に分かってもらえるのだろうか」と途方に暮れる友人もいました。

そこで、全研究科を対象に就活生を集め、自身の説明が「どのように相手に伝わるか」を知ってもらい、就活本番を迎えるにあたり『「どう改善すれば面接官に対して効果的に伝えられるのか」を考えてもらうこと』をスローガンとしました。

■ —— 支援の利用・実施状況

2017年1月の回は60人前後、2018年2月の回は36人の参加数でした。

1回目は、ポスター等の掲示期間が十分確保できたこと、委員数が多く人づてによる広報も盛んだったことから、多くの参加があったと考えます。

2回目は、本格的な広報開始が1か月前であったこと、人づてによる広報がビラ配りのみであったことから、集客が伸び悩んだと考えます。

集客数の差はありますが、事後アンケートによる参加者の内容や難易度に関する満足度はいずれも95％程度と高い結果となりました。事前アンケートとして、「セミナーで期待する内容」を募ったことにより、参加者のニーズに合ったセミナーを開講できました。

■ ―― 支援における今後の課題

今回の運営を振り返り、最大の課題は仕事量と企画担当スタッフ采配のバランスだと考えます。前者については、イベント開催時期における就活生のニーズ調査、大学側や外部講師との打合せ、会場確保、広報活動、当日の運営があります。後者については、時季的に運営側の人間も就職活動が始まるので、当日に近づくほど仕事に時間をさけるスタッフ数が減少します。とはいえ、参加者にとって有意義なイベントに仕上げる必要があります。

前者の改善策として、申込と同時に事前アンケートを行いニーズの調査を行うこと、後者の対策として、頻繁な報連相によるタスクの明瞭化、円滑化などの手段が考えられます。

（風間 亮：名古屋大学大学院・元学生）

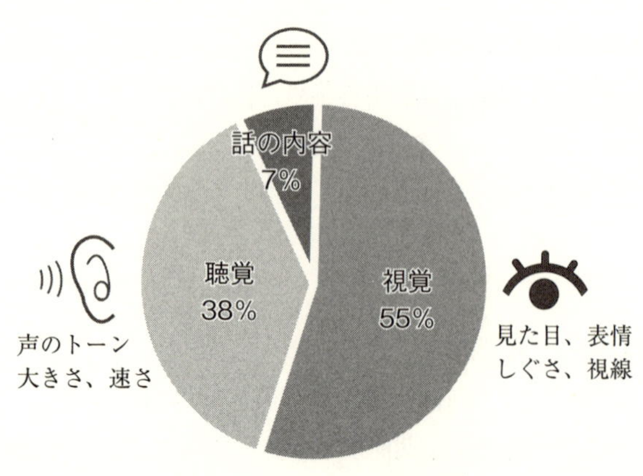

図１　メラビアンの法則[1)]

営業成果を創出する個人と組織の関係

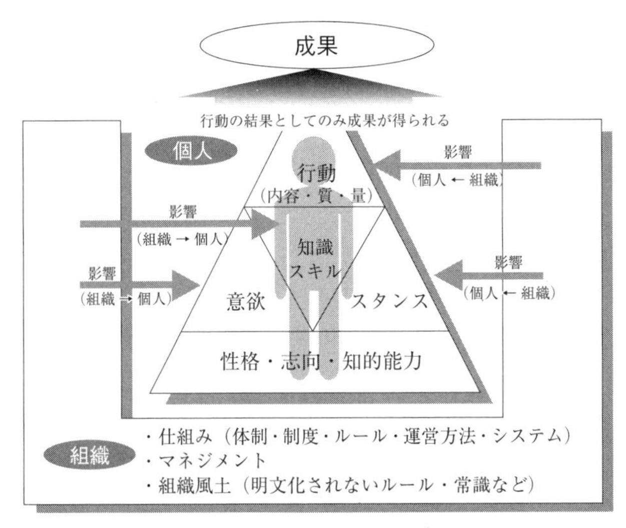

図２　成果創出モデル[2)]

図の参考文献

1)　モチベーションアップの法則、メラビアンの法則
　https://www.motivation-up.com/motivation/merabian.html
　最終閲覧日：2019 年 2 月 24 日

2)　リクルートマネジメントソリューションズ、営業強化・変革支援コンサルティング、サービスの特徴、営業成果を創出する個人と組織の関係
　https://www.recruit-ms.co.jp/service/service_detail/org_key/C011/
　最終閲覧日：2019 年 2 月 24 日

10. 異世代ホームシェア「たすかりす。」

福井県社会福祉協議会と福井大学工学研究科住環境計画
（菊地吉信准教授）研究室の共同事業
活動開始時期：2013年～

■―― 支援の具体的な内容

「たすかりす。」は福井県社会福祉協議会と福井大学住環境計画（菊地吉信准教授）研究室との共同事業です。地区社協、民生委員、公民館など地域の協力も得ています。主な対象エリアは福井市の福井大学文京キャンパス周辺ですが、近隣他市町も対象にしています。マッチングは研究室の学生スタッフと県社協職員が以下のステップで行います。

① 問い合わせのあった家主と学生双方に面談日を決めます。
② 家主には自宅を訪問して事業の説明、要望の聞き取り、住宅の状況確認を行います。

一方、

③ 学生には大学にて、学生スタッフが事業の説明と要望の聞き取りを行います。

その後、

④ お互いの条件に合いそうな家主と学生を引き合わせ、相性や要望が合うか確かめます。合わなければ別の相手がみつかるまで繰り返します。
⑤ 両者が前向きな場合は住まい方のルール決めと契約、保険加入を済ませ、ホームシェア生活を開始します。
⑥ 開始後しばらくの間は学生スタッフが家主と学生それぞれに電話をかけ、問題がないか確かめます。

その後は必要に応じてアフターケアを行います。

■ —— 支援の背景

2003年の猛暑下のフランスで、多くの1人暮らし高齢者が熱中症によって亡くなったことに端を発した「パリ・ソリデール」という共住事業に由来します。福井市内は持ち家率が高い割に、空き家と空き家予備軍の増加が著しく、家主は高齢化に伴い大きな家を持て余しています。一方、学生は重い住居費の負担を少なくしたいというニーズがあります。そこで、世代間の相互理解や地域に学生を組み込む効果を目的として、家主と学生のマッチングが事業となりました。

■ —— 支援の利用・実施状況

これまでのマッチング実績は5件です。問い合わせは断続的にあります。家主や学生に伺った声としては以下のようなものがありました。

家主の声）生活に張り合いができた。人の出入りがあるので安心。

学生の声）地元の人と交流できて安心感がある。住居費が安くなり自由時間が増えた。

■ —— 支援における今後の課題

一般的な「ホームシェア」ではなく、「家賃収入」を主たる目的としたものではないという考え方を理解するところから始まります。既存の不動産業者との関係については、業者にもこの事業の本質を理解していただく必要があり、事業立ち上げ時から不動産業者を含む関係団体に情報を提供し助言をもらってきました。

なお、本事例は福井県社会福祉協議会と工学研究科住環境計画研究室の共同事業で、平成24年度の国土政策関係研究支援事業（国土交通省）の支援も受けています。福井大学生協が直接関わっている事例ではありませんが、優れた事例として菊地先生のご許可とご協力のもとご紹介いたしました。

（福井一俊：福井大学生協・教員）

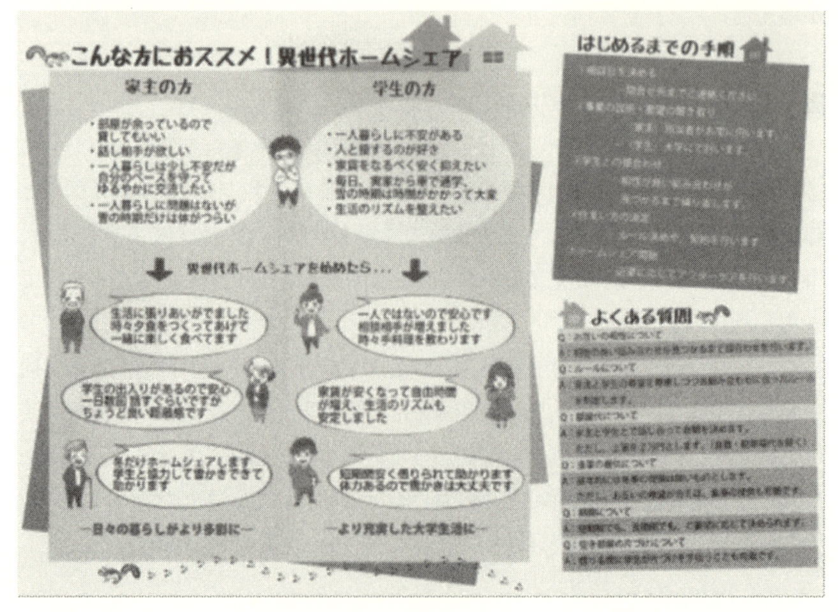

「たすかりす。」紹介パンフレット

写真１　学生スタッフによる利用者への説明

写真２　学生スタッフによる地域住民への PR

＊平成 29 年度ふるさとづくり大賞総務大臣賞（団体表彰）を受賞しました。
YouTube に動画が載っています（https://youtu.be/z7BaGQUCzko)。

11. 富山大学による就職活動支援バスの運行

富山大学　教育・学生支援機構　就職・キャリア支援センター

活動開始時期：2010年

■ —— 支援の具体的な内容

毎年太平洋側大都市圏（東京、大阪、名古屋）への就職活動を移動手段の確保によって支援する目的で、無料の就職活動支援バスを運行しています。マイナビ就職EXPO（2018年）、リクナビSUPER LIVE（2013年）などの大規模な就職イベントの際に前夜（東京）または当日早朝（名古屋、大阪）に貸切バスで富山を出発し、当日の夜～翌朝にバスで富山に戻ってきます（事前申込必要、先着順）。かつては東京便に学内の就職指導教員の中から担当者1名が引率していましたが、現在は事務担当者のみの引率となっています。実例として、2018年の東京圏への支援バスの運行表を掲げます（表1）。

表1　富山大学による就職活動支援バスの運行表の1例（行先：東京ビッグサイト、対象行事：マイナビ就職MEGA EXPO）

期日	時間	場所・内容
3月10日（土）	21：30	五福キャンパス、乗車
	21：50	杉谷キャンパス、乗車
	22：30	高岡キャンパス、乗車（車中泊）
3月11日（日）	5：45 ｜ 8：45	お台場大江戸温泉物語（入浴施設で身だしなみを整えることが可能）
	9：00	東京ビッグサイト到着、
	11：00 ｜ 18：00	マイナビ就職MEGA EXPO参加
	18：00	東京ビッグサイト出発
	23：10	五福キャンパス、下車
	23：30	杉谷キャンパス、下車
	24：00	高岡キャンパス、下車

注：富山大学は五福、杉谷、高岡の3キャンパスから構成されている

■ —— 支援の背景

富山県は太平洋側の大都市圏から遠隔地にあり、大都市圏に就職を希望する学生にとっては地理的に不利な状況にあります。同様の支援活動は同じ日本海側の山形大学、新潟大学、金沢工業大学、鳥取大学、島根大学でも行われており、新潟大学では大学生協が運営しています。

■ —— 支援の利用・実施状況

東京、大阪、名古屋圏共に定員 80 名（2013 年）、40 名（2018 年）などで、定員は毎年ほぼ満たされており、若干の定員超過による不参加者が出る年もあります。近年は定員数の減少により、利用者数にも減少傾向が見られていましたが、2017 年度はマイナビからの資金援助があり、東京行きのバスを 80 名に増員できました（図 1）。医学部以外のすべての学部の学生に利用されていますが、利用者数は学部によってかなり異なり、経済学部の利用者が最も多くなっています（図 2）。

■ —— 支援における今後の課題

就職・キャリア支援センターの担当者によると、「大学全体の予算が減少していく中で、こうした形で学生を支援していく必要性に疑問の声を聞くことはある。また、現在事務職員 1 名が引率しているが、他の教職員も積極的に参加してほしい」とのことでした。

（横畑泰志：富山大学大学院理工学研究部理学領域、
全国教職員セミナー 2018in 富山実行委員長）

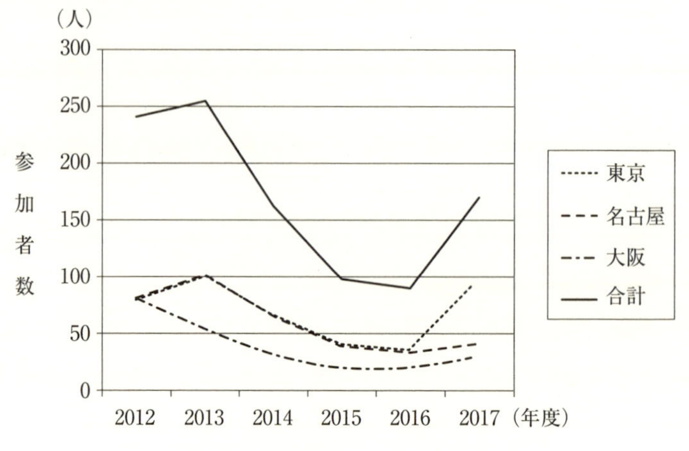

図１　富山大学就職支援バスの利用者数の変化
（2012 年以降、行き先別）

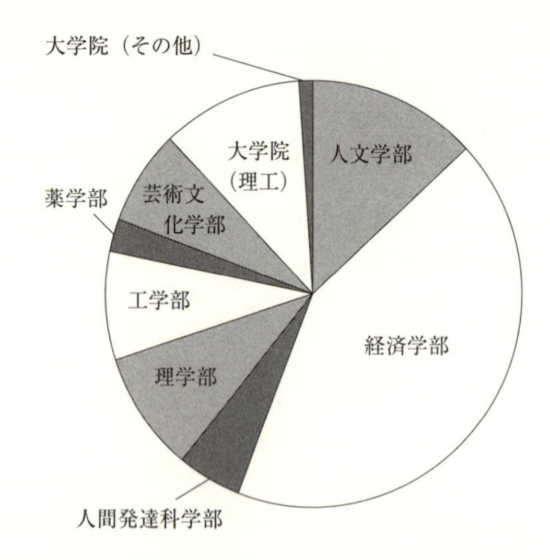

図２　富山大学就職支援バスの学部・大学院別利用者数
（2012 年度以降、 2016 年度除く）

12. 宇治生協会館店長杯テニス大会「うじんぶるどん」

京都大学生協

活動開始時期：1994年～

■——支援の具体的な内容

京都大学には吉田、桂、宇治の3つの主要キャンパスがあり、京大生協はこれらの3キャンパスで、ショップやカフェテリアなどの店舗運営はもとより、学生支援やキャンパスコミュニティ創造のための様々な取組を行っています。このうち、宇治キャンパスは3キャンパスの中では最も小さなキャンパスで、化学研究所、防災研究所、エネルギー理工学研究所、生存圏研究所、大学院農学研究科、大学院エネルギー科学研究科など理系の研究室主体のキャンパスです。学部1～3回生は在籍しておらず、学部4回生（卒研生）約140名、大学院生約730名、教職員約850名（定員内約350名、定員外約500名、これには研究員等も含む）、その他100名、合計約1,800名が、日々、研究活動に精励しているキャンパスです。

京大生協に7つあるキャンパス運営委員会の一つである宇治キャンパス運営委員会（宇治キャンパスの大学院生、教職員、生協職員で構成）は、1994年度より、宇治キャンパス内のテニスコートにて、店長杯テニス大会「うじんぶるどん」を主催しています。

参加対象者は主に宇治キャンパスで研究・教育活動をしている組合員で、近年は大学院生の参加がほとんどです。生協店頭ポスターや研究室向け配布チラシ、京大生協公式Twitter等を用いて、2人1組のチームで参加者を募集しています。参加申し込みの際に、テニス経験の上級者、中級または初級者の別を自己申告していただき、Aクラス（上級者）、Bクラス（中級及び初級者）の別にトーナメント方式または総当たり方式で試合を実施します（試合方式はその年度の参加チーム数に応じて決めています）。各クラスの優勝者には、トロフィー（歴代優勝チームの名が書かれたリボンが結ばれています）及び記念品

(生協プリペイドチャージ券など) を授与しています。当日の試合運営はキャンパス運営委員会のテニス熟練者の教員 (宇治キャンパスに研究室を構える教授) にご指導をお願いしています。

■ ―― 支援の背景

京都大学宇治キャンパスは理系の研究室主体のキャンパスであるため、普段は一日中所属研究室に滞在し、データ解析や実験、論文執筆など研究活動を行うという生活スタイルです。キャンパス構成員も最年少で学部4回生からであり、大学院生及び教職員が中心のキャンパス人口構成です。大学院には国内外の他大学からの進学者も多く、所属研究室以外での人的関係は希薄になりがちともいえます。学部生のようなサークル活動も活発には行われていません。そこで、研究生活の息抜きや研究室や部局の枠を超えた交流の機会とするために、店長杯テニス大会として「うじんぶるどん」を開催してきました。

1994年度から毎年11月頃の開催でしたが、学会シーズンや修士論文へ向けての研究などで忙しく参加しづらいという意見も出ていました。このため、宇治キャンパス運営委員会での検討を踏まえ、2015年度からは5月頃の初夏の開催に移行し、新入院生の歓迎を目的に加えた企画に衣替えしました。

■ ―― 支援の利用・実施状況

初夏の開催とした2015年度以降は、2015年度：16名、2016年度：16名、2017年度：10名、2018年度：11名の参加がありました。実際に参加した大学院生の感想は基本的に好評であり、修士課程1年、2年と2年連続での参加も珍しくありません。また、テニスサークル出身者ではない参加者も多く見られることから、テニス上級者ではない大学院生にとっても参加しやすい大会になっていると考えています。生協職員にとっても、大学院生や教職員と直に接することで、大学院生等の生活実態を知るよい機会にもなっています。

（資料）過去の参加者数

※ 1994 年度より開催、2012 年度及び 2014 年度は中止

第 10 回	2003 年 11 月 15 日	13 組 26 名
第 11 回	2004 年 11 月 13 日	17 組 34 名
第 12 回	2005 年 11 月 12 日	18 組 36 名
第 13 回	2006 年 11 月 18 日	10 組 20 名
第 14 回	2007 年 11 月 10 日	10 組 20 名
第 15 回	2008 年 11 月 15 日	10 組 20 名
第 16 回	2009 年 11 月 28 日	7 組 14 名
第 17 回	2010 年 12 月 4 日	9 組 18 名
第 18 回	2011 年 11 月 12 日	6 組 12 名
第 19 回	2013 年 11 月 16 日	4 組 8 名
第 20 回	2015 年 5 月 9 日	8 組 16 名
第 21 回	2016 年 5 月 7 日	8 組 16 名
第 22 回	2017 年 5 月 20 日	5 組 10 名
第 23 回	2018 年 6 月 2 日	5 組 11 名

■ —— 支援における今後の課題

大学院生のスポーツ嗜好の変化や研究、就職活動などの忙しさから、参加者が過去に比べて減少してきています。特に、2017 年度から再び参加者減少傾向が見られるのは、全国的な就職活動スケジュール変更の影響で、修士 2 回生が参加しづらくなっていることが要因の 1 つとして考えられます。ここ数年、就職活動日程など社会情勢の変化が激しいため、情勢が安定するまでしばらく様子を見る必要もあります。キャンパス構成員により親しまれる企画とするため、キャンパス構成員のニーズを把握し、宇治キャンパス運営委員会で時期、内容等を再び議論するべき時が来るのではないかと考えています。

従来、宇治キャンパスでの生協による学生支援・交流のための企画は「うじんぶるどん」しかありませんでしたが、近年は、夏のビアパーティや春秋の食生活相談会など新たな取組もはじめており、これらの新企画もキャンパスに定

着しつつあります。

しかし、宇治キャンパスには学生委員会や院生委員会のような学生主体の生協内組織は存在していませんので、これらの企画運営は生協職員（主に店長職）の奮闘に大きく依存していることが課題です。また、「うじんぶるどん」の当日の大会運営はテニスルールを熟知している教員のボランティアで成り立っています。試合運営を担ってくださっている教員が異動・退職したら、運営が難しくなりますので、後継者の開拓も今後の課題となる可能性があります。

（浅野公之：京都大学・教員）

宇治購買部からのお知らせ　2018年5月

京大生協主催　宇治キャンパス・テニス大会

「うじんぶるどん 2018」

日　時：2018年6月2日（土）　13:00 〜 18:00　※雨天中止

場　所：京都大学宇治キャンパス　テニスコート

試合形式：ダブルス（6ゲーム先取、女性ハンデあり）
クラス　：A（上級者）／B（中級及び初心者）
参加費　：1チームにつき1,000円（1人500円）
参加資格：ペアを組まれる方の一人が宇治キャンパス所属で
京大生協組合員なら どなたでも参加できます！

参加希望の方は宇治生協会館2階購買部でお申込みください。
【申込期限 2018年5月31日（木）　17時まで】

- 申込希望者が定員に達した場合、申込期限内でも受付を締め切る場合がございます。
- ラケット及びテニスシューズは各自でご準備願います。テニスボールは生協で用意いたします。
- 参加人数によって試合形式を変更する場合がございます。
- 優勝・準優勝のペアには賞品を用意いたします。

宇治購買部　◆営業時間のご案内◆　平日（月〜金）10:30〜18:00　土日祝日　閉店

2018年度の案内チラシ

13. 読書推進活動を担う生協・図書館・教員の協働

県立大学生協・図書館・教養教育および有志教員
活動開始時期：2009年～

■ ―― 支援の具体的な内容

2009年に、教養教育の教員全員（初版19名、2018年度24名）が、大学生協が推進している読書マラソンとタイアップして書評誌『VIRGINIBUS PUERISQUE（若き人々のために）―読書マラソンへの誘い―』（写真①②）を発刊しました。現在第4版が発行され、新入生全員に配布、図書館にも置かれています。学生が少しでも書物をひもとこうと思うように、できるかぎり手に取りやすい本の紹介が中心です。

この発刊と平行して、大学図書館には、読書マラソンコーナーを設けていただき、書評誌で教員が紹介した本を一同に集めていただきました。その後、『VIRGINIBUS PUERISQUE』コーナー（写真③）として独立し、そこに行けば推薦された本を手に取ることができます。読書マラソンコーナー（写真④）は、現在は書評誌掲載以外の学生が興味を持つと思われる、または話題の本を中心に集めています。

また、図書館の学内ホームページ（図書館学生支援隊が製作更新）には、「読書マラソン」サイトがあり、書評誌も見ることができます。さらにそこには、知能ロボット工学科の本吉達郎教員らが、ゼミ等で実施している「ビブリオバトル」サイトなどがあります（富山県立大学図書館ホームページ http://www.pu-toyama.ac.jp/library/）。

■ ―― 支援の背景

大学生の本離れ、読書からの撤退の加速が指摘されて久しいです。まずは、書籍に興味をもち読書の習慣を身につけてもらうため、本学では取りつきやすい本の紹介および貸し出しからスタートしました。

初版の序には、「―より深く、より豊かな人生を生きるために―」と言う副題が記されています。また、第３版の序には、「読者が若いとそれだけ多くの本が誘ってくれます。たくさんの誘いに乗って、最良の伴侶を見つけてください」とも書いています。

執筆した教員の多くには、「教養とは、読書とは人生を耕すものである」という共通理解があったのです。

■――支援の利用・実施状況

図書館の利用者は、少しずつ増加してきましたが、まだまだ少数派であるという現状です。

工学部だけの単科大学である県立大学では、2014年の図書館によるアンケート調査によると学生のうち「本をよく読む」と回答した学生は 、わずか6%という状況です。逆に「教科書と漫画以外全く本を読まない」学生は34%という実状です。

■――支援における今後の課題

本学では、初年度から３学年まで各学年のゼミに学生は必ず所属します。それらを活用して、全学の教員がビブリオバトルなどの導入を含め、積極的に読書推進という目標に向けた活動をすることが必要であると考えます。

（奥田實：富山県立大学・教員）

VIRGINIBUS PUERISQUE
（若き人々のために）

――「読書マラソン」への誘い――
［第 3 版］

写真①

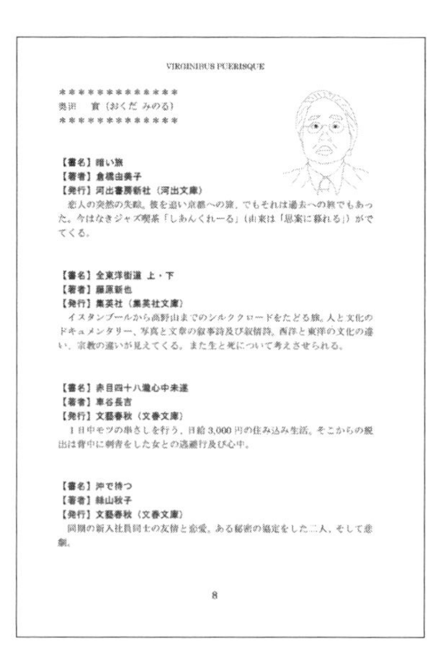
VIRGINIBUS PUERISQUE

＊＊＊＊＊＊＊＊＊＊＊＊＊
奥田　實（おくだ みのる）
＊＊＊＊＊＊＊＊＊＊＊＊＊

【書名】暗い旅
【著者】倉橋由美子
【発行】河出書房新社（河出文庫）
恋人の突然の失踪。彼を追い京都への旅，でもそれは過去への旅でもあった。今はなきジャズ喫茶「しあんくれーる」（由来は「思案に暮れる」）がでてくる。

【書名】全東洋街道 上・下
【著者】藤原新也
【発行】集英社（集英社文庫）
イスタンブールから高野山までのシルクロードをたどる旅。人と文化のドキュメンタリー、写真と文章の叙事詩及び叙情詩。西洋と東洋の文化の違い，宗教の違いが見えてくる。また生と死について考えさせられる。

【書名】赤目四十八瀧心中未遂
【著者】車谷長吉
【発行】文藝春秋（文春文庫）
1日中モツの串さしを行う，日給3,000円の住み込み生活。そこからの脱出は背中に刺青をした女との逃避行及び心中。

【書名】沖で待つ
【著者】絲山秋子
【発行】文藝春秋（文春文庫）
同期の新入社員同士の友情と恋愛。ある秘密の協定をした二人，そして悲劇。

8

写真②

写真③

写真④

14.　京都市の寄付講座「現代社会と消費者問題」への運営協力

京都市、NPO法人コンシューマーズ京都（京都消団連）、大学生協京滋・奈良ブロック（現在関西北陸ブロック）

活動開始時期：2010年～

■ ── 支援の具体的な内容

京都市では若者の消費者被害を防止し、大学生の消費者教育を推進するために8年前から京都市の予算で同志社大学に消費者教育のための寄付講座を開設しています。この講義の特徴は講師として行政、弁護士、大学教員、消費者団体、企業の消費者窓口の方々や大学生協からも講師を派出し、いわばリレー講義形式の運営方法をとっていることです。

講義のテーマ、講師の選定に関しては京都における消費者運動50年の歴史を持つNPO法人コンシューマーズ京都がコーディネイトし、京都市消費生活総合センターと協力して運営されています。講座の開設に当たっては同志社生協の理事長（当時京滋・奈良ブロック会長兼務）が担当される学際科目として開講しましたが、現在は専門科目の中の講義として位置づけられ開講しています。この講座は同志社大学の講座ではありますが、大学コンソーシアム京都の単位互換授業として登録され、おもに京都市内にある大学に通う大学生が自由に履修登録し授業を受けることができます。

教室は京都駅の近くにある大学コンソーシアム京都のあるキャンパスプラザ京都で行われ、受講生は同志社大学を中心に立命館大学や京都産業大学、近隣の大学の学生が毎年、数十人の規模で受講しています。受講期間は一日3コマ、5日間にわたって行われる夏季集中講座として運営してきました。

■ —— 支援の背景

京都市は大学のまちといわれるように、人口の1割を大学生が占めています。こうしたことから、若者や学生を狙った悪質商法も多くみられ、過去にも新聞にもとりあげられるような大規模なマルチ商法による被害なども発生しています。京都市の消費生活総合センターでは若者の被害相談に応じる一方、若者の消費者被害を未然に防止するためにNPO法人コンシューマーズ京都（京都消団連）や大学生協にも相談・協力依頼がありました。

当時、大学生協では食育の寄付講座などを展開していたこともあり、消費者教育をテーマに京都市の寄付による講座を展開してはということになりました。

大学側の窓口になっていただける教員が当時、京滋・奈良ブロックの会長であり、同志社生協の理事長をされていたということもあって消費者教育の一環として積極的に受け止めていただき、スタートすることができました。

■ —— 支援の利用・実施状況

授業は座学で知識を身につけるだけでなく、毎回ワークショップや受講生同士のグループ討論も取り入れ、コンシューマーズ京都がファシリテーター役を務めています。

大学生協の職員も講義を担当し、学生生活実態調査や共済給付、食生活栄養相談会の事例をもとに講義をしたり、学生生活の中で陥りやすいリスクについても自らの生活を振り返り、分析してもらいます。ブロックの学生事務局も消費者教育用に開発したゲームを使ったワークショップを行い、日常で起こりやすい様々な危険への対応を考えるきっかけになっています。

■ —— 支援における今後の課題

8年続いてきた寄付講座が行政からも高く評価されている一方、これまでを振り返るとおおよそ次のような課題があります。

①夏季集中講座という形式をとっていることにより、単位取得が目的で登録する学生も多く、上期に単位取得が順調にいけば授業に出席しない学生もい

る。②50近い大学・短大が参加する単位互換授業でありながら限られた大学からしか履修登録者を得ていない。③この取り組みが大学生協役職員に十分認知されておらず、学生理事や学生委員からの履修登録者がほとんどいない。④平素から京都市と連携した消費者教育の取組みができていない。

これらが課題として挙げられます。今後、コンシューマーズ京都や行政とより連携した取り組みで若者の消費者教育を前進させることも課題となっています。

（西山尚幸：コンシューマーズ京都事務局）

資料

京都市寄付講座（大学コンソーシアム京都・単位互換科目）「消費者問題と現代社会」（2017年度の事例）

●講義期間　9月5日（火）-9月9日（土）

●講義会場　キャンパスプラザ講義室

●担当教員　同志社大学　青木真美教授（同志社生協理事長）

●講義プログラム

（第1日）9月5日（火）10：50-16：00

〈消費者問題とは〉

第1講　開講にあたってー「消費者問題」とは（青木真美・同志社大学教授）

第2講　「消費者市民社会」をめざして（原　強・コンシューマーズ京都）

第3講　「消費者問題」の現場から（森順美・消費生活専門相談員）

（第2日）9月6日（水）10：50-16：00

〈消費者契約とは〉

第4講　消費者契約法（伊吹健人・弁護士）

第5講　インターネット契約トラブル（中島俊明・弁護士）

第6講　グループワーク「消費者被害を防ぐ　ライフプランと金銭管理」（渡邊孝子・コンシューマーズ京都理事）

（第3日）9月7日（木）10：50-16：00

〈食の安全と安心〉

第7講　消費者問題としての食の安全・安心（原　強・コンシューマーズ京都）

第8講　食の安全・安心と食品衛生行政（京都市保健医療課）

第9講　グループワーク「食の安全・安心のために」（原　強・コンシューマーズ京都）

（第4日）9月8日（金）10：50-16：00

〈市場を変える消費者〉

第10講　消費者と企業の対話から（川口徳子・日本ハム株式会社）

第11講　「消費」が市場を変える（西山尚幸・コンシューマーズ京都）

第12講　グループワーク「市場を変える消費者」（西山尚幸・コンシューマーズ京都）

（第5日）9月9日（土）10：50-16：00

〈消費者行政と消費者教育〉

第13講　消費者行政の課題（京都市消費生活総合センター）

第14講　「消費者問題」と消費者教育（大本久美子・大阪教育大学教授）

第15講　まとめ講義（原　強・コンシューマーズ京都）

資料

大学生協メンバーによる寄付講座の講義への協力

同志社大学青木真美先生（同志社生協理事長）の消費者講座（2016年9/7、9）への協力。

・同講座の第5講「学生生活の安全とリスク」にて飯田朋子（京大生協管理栄養士）と西田有希（ブロック共済担当）が『食生活と健康』、『学生生活の病気と事故』を講義、第12講（90分）グループワーク「市場を変える消費者」という時間にて消費者教育タスクチームで社会貢献ゲームを行いました。（タスクチーム3名+事務局2名）

生協の管理栄養士による学生の食生活実態と改善提案について食生活相談結果にもとづいて講義しました。

大学生協の共済担当者が学生生活の安全とリスクについて共済給付事例にもとづき情報提供と対策を講義しました。

京滋・奈良エリアの学生たちによる「消費者教育タスクチーム」が作成した社会貢献ゲームを使って、買い物を通した社会貢献を実感できるワークショップを行いました。

15. 聴覚障害のある学生に対する学修支援

龍谷大学障がい学生支援室と各学部教務課

活動開始時期：2015 年～

■ —— 支援の具体的な内容

2018 年度龍谷大学政策学部では、聴覚障害のある学生が入学しました。2011 年に創設した学部では、初めての経験ということもあり、障がい学生支援室と協力しながら学生の学修支援を行いました。

具体的には、3 つの支援を行いました。1 つ目は、「ロジャー タッチスクリーンマイク」というデジタルワイヤレス補聴援助システムの機器を大学で購入し、聴覚障害のある学生に対して、授業ごとに貸し出しを行っています。このシステムは、講義担当教員の首に、このロジャータッチスクリーンマイクをかけ、教員の話した音声を拾ってワイヤレスで学生の補聴器に飛ばすものです。教室の仕様によりますが、通常のマイク音声をロジャーに直結して、直接学生の補聴器に飛ばすこともできます。

2 つ目の支援は、講義担当教員に対して、支援依頼の文書を学部長名で出すとともに、FD 研究会を実施して、教員側の学修支援の技術的な向上と意識の改善を図りました。また、講義期間中に教員に対して、授業状況のアンケート調査を行い、課題の洗い出しも行いました。

3 つ目の支援は、ノートテイカーの配置です。授業には、ノートテイカー 1 名、パソコンテイカー 1 名を配置しています。このノートテイカーの制度自体は、障がい学生支援室が設置される以前から運用されていましたが、現在のように障がい学生支援室と学部教務課の連携による体制は、2015 年 4 月から実施されるようになりました。障がい学生支援室が、ノートテイカーの養成講座や説明会などのテイカー養成に関わる部分とテイカーによる映像教材への字幕付けの部分を担当しています。学部教務課は、学生の授業の履修状況に合わせて、ノートテイカーを配置するコーディネート業務を主に担っています。映像教材に対する字幕付けは、原則6週間前に支援室に出してもらうようにお願いしています。聴覚障害のある学生への情報保障のために、入学前から学生と打ち合わせを行い、オリエンテーション期間からノートテイカーを配置しました。また、定期試験においても文書による情報伝達保障や座席指定等の措置も取ってきました。1年間の学修支援を行いましたが、本人からの聞き取りを行ない、当事者の視点からの改善点を洗い出したり、テイカーに対してもアンケート調査を行なって改善点を洗い出したりしました。

■―― 支援の背景

龍谷大学では、建学の精神の具現化を通して、基本的人権を保障し、多様性を尊重する人間の育成を目指しています。「障害者基本法」の理念および「障害者差別解消法」における「合理的配慮」を実現し、聴覚障害のある学生に対する情報保障を実現することをめざしています。龍谷大学には、社会学部現代福祉学科があるなど福祉についての研究と教育の実績もあります。ノートテイカーも社会学部の学生による取り組みなどの歴史もありました。そうした歴史の上に、本学における障がいのある学生の支援の仕組みは、同志社大学における障害のある学生の支援の先進的な取り組みなど、他大学の優れた取り組みも数多く学ばせてもらいながら作ってきました。

■―― 支援の利用・実施状況

ノートテイカーの制度の利用状況ですが、2018年度は全学で8名でした。1回生については、オリエンテーション期間からノートテイカーを配置しました。1名につき1セメスター22単位の履修上限が課されていますので、1セメスター11科目程度、15回の講義にノートテイカー1名、パソコンテイカー1名を配置しました。定期試験時には、伝達保障の試験監督補助員を定めて対応しました。

ノートテイカーの登録は、2018年度全学で150名程度なされています。

■── 今後の課題

今後の課題として、第一に挙げられるのが、ノートテイカー、パソコンテイカーの力量を引き上げることです。研修会等を通じて力量の向上を図っています。また、教員の発話音声を自動でテキスト化する「UD トーク」というコミュニケーション支援ツールなどを組み合わせるなど人と電子機器を上手く組み合わせた支援体制の構築が可能なのかなど試行錯誤の只中にあります。加えて、アクティブラーニングがどんどん入ってくる教育の現場の変化を反映して、フィールドワークやグループワークにおける情報保障の質を高めることなども残された課題の一つです。

最後に、障がい学生支援室の支援コーディネーターによると、「聾の学生の希望として、もっと思いっきり手話で会話したいとの希望もある」とのことでした。大学には、手話サークルもありますが、「学内で手話が気楽に話せるような環境になるとよいな」との話も伺いました。大学としては、公開講座に「手話講座」を開講するなど直接的な障害のある学生の支援にとどまらない、幅広い環境整備にも努めていく必要があります。

（只友景士：龍谷大学政策学部・教員）

16. 長期インターンシップの受入と実施

就実大生協
活動開始時期：2016年～

■ ―― 支援の具体的な内容

就実大学では2014年に経営学部を新設しました。経営学部のカリキュラムの特徴として、学生は2年次において、留学を必修とするグローバル・ビジネス・マネジメントコース（GBM）と、インターンシップを必修とするリージョナル・ビジネス・マネジメントコース（RBM）の2つのコースのいずれかを選択する点があります。後者のインターンシップは、2年次の後期15週間（実習は週4日）という長期にわたります。2年次という比較的早い時期に行われ、かつ必修化している点も相まって、全国的にも珍しい取り組みとなっています。

この長期インターンシップの派遣先の一つとして、就実生協は2016年度から学生を受け入れて、実習を行っています。派遣先としての就実生協は、大学内で実習することになりますので、学生にとっては安心感があります。また、インターンシップの実施に当たっては、プログラムや学生指導について、担当教員と派遣先が密に連携を取る必要がありますが、学内に拠点を置く生協は連携がとりやすいと、教員から評価されています。

具体的な実習内容ですが、数日間の短期インターンシップとは異なり、15週という長期に渡ることから、複数部署で勤務するプログラムを組み立てています。基本的に実習は、ショップ部門と食堂部門で行っています。ショップ部門では、基本的な接客ルールを理解するとともに、コミュニケーション力を養うことを目的に実施しています。また、在庫管理や業務マニュアルの作成といった実習を取り入れることで、学生の視野を広げる機会を設けています。食堂では、店内の一連の業務内容を学ぶことから始まり、中盤からは店長業務のアシスタントや利用促進企画の立案・実施等にも取り組みます。こうした実習を通じて、実践的にリーダーシップやマーケティングとは何かを考えてもらう機会としています。

実習後に学生はレポートの提出が義務付けられています。レポートからは、普段の講義やアルバイトなどでは得難い気づきや学びがあった様子が伺えます。また、就実生協に限った話ではありませんが、この長期インターンシップについては教育効果の定量調査も行っています。プログラムの始まった2015年度以降、十分な教育効果が確認されています。

■――支援の背景

現在の経営学部の入学定員は80名で、例年60名以上がRBMコースを選択します。一つの企業・団体につき1～3名での派遣を原則としているため、できる限り多くの企業・団体に協力していただく必要があります。岡山県内を中心に約60の企業・自治体・NPOなどにご協力をいただいており、就実生協にもその一つとして受入を始めました。また、就実生協は2016年度に創設した新しい大学生協です。学生や教職員に生協の認知と理解を広げ、信頼を獲得する一つの機会としても捉えています。

■――支援の利用・実施状況

2016年度から合計で5名（2016年度2名、2017年度2名、2018年度1名）の学生を受け入れました。プログラムの開始から数えてまだ4年目ですので、延べの受入人数は少ないのが現状です。

しかし、長期インターンシップは受験生および関係者から高く評価されており、学部教育の一環として長期インターンシップの更なる充実が強く求められています。学生の成長に貢献できるよう、引き続き、受入態勢を整えていきたいと思います。

■――支援における今後の課題

長期インターンシップはカリキュラムの一環ですので、最も重要なのは、より教育効果の高い実習プログラムを開発することです。現在は、就実生協の主たる事業であるショップと食堂を中心に実習を行っていますが、今後、学生委員会との連携や個別企画（利用や生協加入の促進など）の立案、あるいは講義科目との連動（「協同組合論」があるのも就実大学の経営学部の特徴です）などを検討していく必要があると捉えています。

また、インターンシップという機会を、その後の活動につなげることも重要になると考えています。この点については、インターンシップに参加した学生が学生委員会に参加したり、あるいは学生理事となったり、さらには地域生協にアルバイトや就職活動で関わるようになるといった波及効果がすでに現れています。学生にとって意義のあるインターンシップとなるように配慮するとともに、そうした経験が次の生協へのかかわりにつなげることも目指したいと思います。

（加賀美太記：就実大学・教員）

店舗での実習の様子

17. 学び成長出発（たびだち）プログラム（まなたび）

下関市立大学生活協同組合
活動開始時期：2011年～

■ ―― 支援の具体的な内容

下関市立大学生活協同組合（以下下関市立大学生協）では、学び成長出発（たびだち）プログラムを開催しています。参加者や生協職員はプログラム名を省略し「まなたび」と呼んでいます。様々な体験から自己成長することが主な目的で、年間およそ20回のプログラム（入学直後の4月～翌年5月まで開講・税込98,000円）です。特に経済産業省が提唱する社会人基礎力〈前に踏み出す力〉〈考え抜く力〉〈チームで働く力〉の習得を目指しています。

一番始めのプログラムは、緊張をほぐし友達作りを目的とした「スタートプログラム1・2」です。ワークショップやバーベキューなどを行いながら、スムーズな大学生活のスタートを支援します。

スタートプログラム以降は「集合講座」を2週間に一度のペースで木曜日放課後に「自分を知る」というテーマで実施しています。仲間との対話やスチューデントEQ（SEQ：大学生協が開発した行動特性検査）などのツールを活用することにより、自己理解を深めます。価値観や考え方・出身地などが違う他者との対話は、参加者にとって大きな刺激になっています。

講座のメインは「チャレンジ企画」です。6月頃に受講生が自ら挑戦したいことを出し合いチームを形成し、取り組みます。企画立案はもちろんですが、自治体や企業などに訪問し協力を要請することも自分たちで行います。アポイントメントを取るための電話だけでも非常に緊張している様子です。断られることも多々ありますが、職員と先輩サポーターが断られた理由なども考えるように促します。トライアンドエラーを繰り返し、すべてのチームで協力先を見つけ、企画を達成しています。

プログラムを運営するのは生協職員と先輩サポーターで、先輩サポーターの多くはプログラムの受講経験者です。1年生のプログラムを受講した後2年生以降でサポーターになり、自らの経験を活かしながら1年生のサポートをします。時に議論をリードしたり、背中を押したり、温かく見守ったりしていて、生協としてはとても頼もしい存在です。

自立応援プランという支払方法も特徴的です。98,000円の受講料のうち、50,000円を2年生以降に支払う猶予制度です。2年生以降は有給の就業体験をしながら自分で自分の受講料を稼ぐという制度で、先述のサポーターは有給就業体験に当たります。生協ではこのほかに、英語コミュニケーション講座サポーターやパソコン講座のサポーター、生協ショップや食堂でのアルバイトなども可能です。まだまだ数は少ないですが、学外での就業体験でも構いません。保護者はこのプログラムを受講してほしいと思うけれど、新入生本人が保護者に受講料を払ってもらうのが申し訳ないという声を受けて誕生しました。

■── 支援の背景

このプログラムは2011年から始まりました。大学生活で様々な体験を行い、元気でたくましい学生を育てたいという思いでスタートしました。新卒の離職者が3割を超える中、生協ならではの支援ができないかと議論し、社会とのつながりを1年生から持つことが重要という結論に至りました。大学が支援している内容と重複しないように、「課外」での活動を支援するということになりました。

■── 支援の利用・実施状況

2018年度は47名の1年生が参加しており、平均すると毎年40～60名程度の1年生が参加しています。自立応援プランは受講生のおよそ3分の1が選択しています。

■── 支援における今後の課題

プログラムの質向上と個人へのサポート・関わりです。いかに社会人基礎力を身につけ、参加者のためになるか毎年議論しながら改良を加えています。また、できることやスキルは一人ひとり違います。したがってサポートも個人によって変えなければいけません。担当するサポーターや職員が参加者一人ひとりにどれくらい関われるかが参加者の成長と満足度に影響します。

自立応援プランの有給就業体験の受け入れ先開拓も課題です。多くの選択肢から選べるような環境を構築しなければなりません。積極的に学外に出ていける学生なら問題ありませんが、自分に自信がなく消極的（だけど成長意欲のある）学生には、一定の生協のコーディネートや支援体制があれば安心し多くの経験を積めるはずです。

今後も大学や地域社会と協力しながら参加者の成長のために努力したいと思います。

（平岡伸元：下関市立大学生協・副店長）

18. 就労に関するトラブルから学生を守る

島根大学（法文学部）、経済政策研究室、島根大学生協
活動開始時期：2014年～

■── 支援の具体的な内容

島根大学では、就労に関わるトラブルから学生を守るため（卒業後も念頭に）、1年次から4年次にかけて、以下のような公開セミナーを関係機関と協力しながら実施しています。

1年生対象：「ブラックバイトで悩む前に：労働法の知識があなたを守る」（島根労働局労働基準部監督課）、「知っておきたい男女雇用機会均等法」（島根労働局雇用環境・均等室）

2年生対象：「知っておきたい年金の話」（日本年金機構松江年金事務所）

3年生対象：「求人票の見方、企業の探し方・選び方について」（島根労働局職業安定課）

4年生対象：「働き始めておかしいと気づいたら」（島根労働局労働基準部監督課）

まず1年次ではアルバイトが解禁になる夏季休暇を前に、ブラックバイトに陥らないための注意喚起として労働法の基礎知識を学びます。上級生からブラックバイトと思しき体験談や疑問に思った事例を事前に収集し、ケーススタディを中心に理解を深めます。1年生や法律系以外の学生に興味を持ってもらうためには、身近な事例をいかに多く集めるかがポイントのようです。もう一つは、セクハラやパワハラなど、被害者にも加害者にもなりうる男女雇用機会均等に関する学習です。

2年次では年金について学びます。20歳になれば国民年金への加入が義務づけられますが、学生の中には年金＝老齢年金（老後の備え）と思っている人も少なくありません。そこでセミナーでは、障がい年金や遺族年金など、不慮のできごとに対するセーフティネットとしての年金の役割や、様々なライフス

テージ（転職や結婚など）と年金がどのように関わっているかについて学び、加入もれや掛金の未納などに陥らないよう制度を理解します。

3年次では、就職活動を控えた11月に求人票の見方や情報収集の方法について学びます。大卒者の就職後3年以内離職率が30％を超える現状が問題視されています。原因の一つはミスマッチ（こんなはずではなかった）にあると指摘されていますが、根本には学生側の注意不足もあります。求人票をはじめとする企業情報の正しい見方や情報収集の方法を身につけずに就職活動を行っているばかりか、契約の際に「労働条件通知書」の明示を積極的に求めないなどがミスマッチの大きな原因となっています。セミナーでは法律で義務付けられた労働条件通知書を明示しない、いわゆるブラック企業などへの就職を回避するためのスキルを身につけます。

4年次では、就職後に問題に気づいたとき一人で悩まずにどうしたらよいかについて学びます。会社における就業規則の重要性や問題が発生した時の対処法、さらには労働基準監督署をはじめとする公的な相談窓口の役割について理解します。

なお、2017年から島根労働局との間で包括協定が結ばれ、これらセミナーの定例化が図られています。

■――支援の背景

ブラックバイトという言葉が流布しだしたころ、島大生がアルバイト先の店主から仕事中のミスを理由に、不払い労働の強要や暴行を受けるといった事件が発生しました。島大生協は大学からの依頼でアルバイト求人情報の紹介（求人票の張り出し）を行っており、何らかの対応の必要性を感じていました。そこで、2014年度から筆者の研究室と島大生協の共催、島根労働局の協力でブラックバイト対策セミナーをスタートさせました。さらに、クラブ活動や自動車事故で障がいを抱える学生が発生するなど、学生共済の枠を超えたリスクについても学ぶ必要性を感じ（障がい）年金セミナーを同時期に始めました。2016年度からは求人票の見方や男女雇用機会均等法の学習、2018年度からは就職後のトラブル対処法など、学生を取り巻く環境変化に対応したセミナーの充実を図っています。

■——支援の利用・実施状況

2014年当初20名ほどで始めたブラックバイト対策セミナーは、現在大学の就職委員会の支援を受け200名程度が受講し、男女雇用機会均等法セミナーは300名程度が参加しています。受講生数からもわかるようにセミナーの評価は高く、学生の意識が向上していることがわかります。年金セミナーは100名前後が受講しています。加入が義務付けられているにもかかわらず制度を学ぶ機会が少ないため、受講後のアンケートでは、ほとんどの学生から年金の必要性が分かったという感想を得ています。3年次の求人票の見方は40名～50名程度の受講にとどまっています。また4年次セミナーはこれからですが、就職や卒業後のことにまで意識が及んでいない状況に危機感を募らせています。

■——支援における今後の課題

就労に関するトラブルから学生を守るために各種のセミナーを開催していますが、情報不足など弱い立場におかれる学生に対し意識啓発を図るだけでは限界を感じています。働き方改革が叫ばれている今だからこそ企業・大学・労働局などが連携し、求人票＝労働条件通知書となるような制度改正が就業の入り口で求められているように思います。

（飯野公央：島根大学・教員）

1年次セミナー「ブラックバイトで悩む前に」の様子

19. 万一に備える ― 防災グッズを新入生に

愛媛大学生生活協同組合

活動開始時期：2017年5月～

■ ―― 支援の具体的な内容

当生協の住まい紹介会場を利用され「住まい成約」となった新入生全員へ、入学後の5月に「生協オリジナル防災グッズ（2種）」を提供する活動です。

■ ―― 支援の背景

2015年頃より生協学生委員会内に防災チームが立ち上がり、防災企画や防災グッズの紹介などの活動に取り組んでいました。

2016年春までの生協の住まい探し会場では、住まい成約者へ生協利用券を配布していましたが活用されない新入生も多くいました。

一方、防災グッズの紹介を行うものの学生自身が防災グッズを準備する割合が低いことがわかりました。

そこで、生協利用券の配布ではなく、防災グッズを全員にお届けすることが新入生にとって良いことであると、生協学生委員会と生協理事会にて判断しました。

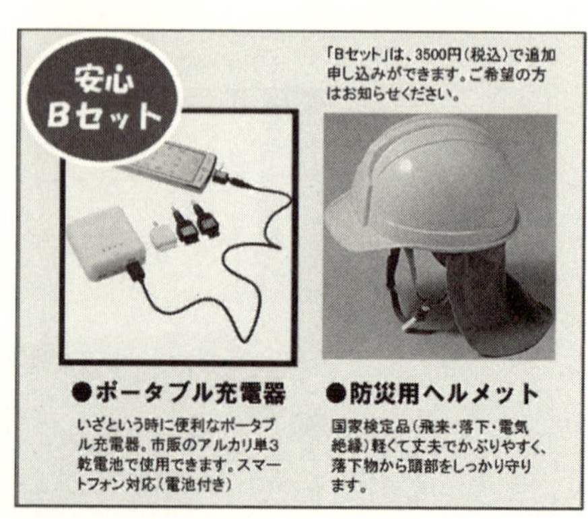

実際に配布した防災グッズの内容

■——支援の利用・実施状況

生協学生委員会が防災センターを訪問し、生協オリジナル防災グッズを選定しました。2017年5月に、住まい成約者全員（689名）に生協オリジナル防災グッズを届けました。それぞれのセット内容は下記のとおりです。

- Aセット／2ℓ保存水、保存食（2種)、ランタンライト、防寒シート、簡易トイレ、軍手、スリッパ
- Bセット／Aセット、ポータブル充電器、防災用ヘルメット

2018年6月には、住まい成約者全員（628名）に生協オリジナル防災グッズを届けました。保護者からは、「自分ではなかなか買わないので嬉しい」「防災グッズの発送はまだですか？」などの期待の声をいただきました。

また、生協学生委員会の防災企画アンケート結果では、防災グッズの認知度が上がっていました。今後の内容の変更希望なども出されるなど、学生の防災意識の向上に役立っている様子です。

■——支援における今後の課題

組合員が、時折、防災に関して思い出されるように大学と共同した取り組みに発展させることと、生協学生委員会の継続的な防災企画の実施や生協店舗において防災グッズの追加購入できる環境を整えることが課題と考えています。

（曽我部知希：愛媛大学生協・職員）

20. とっても元気！ 宮大チャレンジ・プログラム

宮崎大学キャリアサポート専門委員会
活動開始時期：2005 年〜

■ —— 支援の具体的な内容

「とっても元気！ 宮大チャレンジ・プログラム」は、将来、社会でリーダーとしての活躍を期待される宮大生の企画する力、実施する力を高めるとともに、学生ならではの自発的かつ積極的な活動を通して、本学から発信した活性化の波を広く地域につなげていくことを目的とした本学独自の学生支援事業で平成 17 年度より実施しています。

事業予算は 500 万円です。また、今年度は「特定地域枠」を設け、地域から提供された資金（100 万円）によりその地域を活性化させるプログラムも企画・実施されています。

今年度は、「特定地域枠」も含めて 17 件の企画が採択されました。1 企画あたりの配分額は 13 万円〜 50 万円となっています。

1 年間の流れとしては、4 月に地域交流・宮大の活性化・自然環境の保全・医療・福祉・農業・工学・環境など学生から自由なテーマで企画の募集を行います。対象は、本学学生（大学院生・留学生を含む）のグループまたは個人です。応募の条件としては、「活動を通して企画・運営・実施能力が高まることが期待される企画であること」「大学及び地域の活性化につながることが期待される企画であること」などがあります。5 月には「とっても元気！ 宮大チャレンジ・プログラム選考委員会」による審査（第 1 次：書類審査、第 2 次：プレゼンテーション審査）を経て、採択する企画を決定します。採択された企画の学生は 6 月〜 1 月まで自分たちで立てた計画に沿って、大学から配分された助成金を活用しながら実施します。今年度採択された企画の中には、一人暮らしの大学生の栄養バランスへの意識向上や県産食材の PR による地域活性が見込まれるジャムやふりかけを開発するものや、子どもたちの理科離れが進んでいる県内の中山間地域の活性化を目的に小・中学生の理科実験イベントを企画するものなどがあります。2月にはポスターセッションによる成果発表会を行い、参加した方からの評価を受けます。3月には成果発表会の評価により学長賞及び優秀賞を学長から授与する表彰式を行います。

■――支援の背景

多様な価値観の入り乱れる現代社会を自分らしく生き抜くための能力を養い、一人ひとりの学生の個性・能力を最大限に引き出し学生のやる気を伸ばし、キャンパス生活をより快適に、より楽しく充実したものにするためのチャレンジ・プログラムです。

チャレンジする気持ちがあれば、大学から評価され、計画実行できる環境が提供されることにより学生の意識も向上し、大学に対する期待度・好感度もアップすると考えられます。

また、学生自身もプログラムを実行することにより、プレゼンテーション能力、コミュニケーション能力、異文化理解、国際理解、地域連携・地域交流、課題発見能力、問題解決能力等が養われ、より開かれた社会へ進出できる能力を養うことを可能とし、まさに一石二鳥の効果となることを期待してスタートしました。

■――支援の利用・実施状況

平成17年度から平成30年度までに394件の企画の応募があり、選考の結果、259件の企画を採択しました。

現在までに採択された企画には、地元の食材を使ったバイキング料理やお弁当を開発しフードツーリズムを推進したもの、留学生とともに地元の方々と農泊や交流、情報発信を通した国際化を図り、観光の活性化を推進したものなど様々です。

本プログラムに採択された企画の中には、社会貢献度が認められて「学生ボランティア賞（公益財団法人ソロプチミスト日本財団より）」を受賞した企画や宇宙飛行士の船外活動支援を行う小型ロボットを製作し「JAXA最優秀賞

（日本宇宙航空研究開発機構〈JAXA〉より）」を受賞した企画もあります。

■――支援における今後の課題

本事業は平成17年度から既に14回を数えるに至っています。その間、学生の想像性豊かなアイデアと行動力で様々な取組がなされてきました。しかし近年は、前年度の先輩の取組を継続したものや、過去の取組と類似した内容がいくつも見受けられるようになってきています。

今後は、学生が社会の変化を敏感に感じ取り、そこから創造性豊かなアイデアと行動力で地域の課題の解決に取り組むなど、真の企画力と実行力を身につけさせることが一層求められています。

そのためには、本学キャリアサポート専門委員会委員や地元自治体との連携の強化を図ることが必要であると考えています。

（宮崎大学学生支援部学生生活支援課）

採択企画実施風景の一例

成果発表会の様子

あとがき

「大学の始まりは〈学生と教師の組合〉であった」などと、大学生と大学教育をめぐる議論をそもそもから始めるなら一笑に付されるかもしれませんが、少しだけ触れさせてください。現在まで続く最古の大学はイタリアのボローニャ大学だそうです。11世紀末頃のこと、私塾が多くつくられた自由都市ボローニャは学都として評判になり、各地から向学心にあふれる若者たちが集まって来ました。若者たちは自分たちの希望にそった勉強が出来るようにと組合をつくり、そこに教師も加わって、「ウニヴェルシタス（universitas）」が成立しました。これが大学の始まりです。ウニヴェルシタスでは人文科学と自然科学を含む「自由学芸」が尊重されました。

それから900年を経て、大学は21世紀になお存在しています。その間の時代時代に大学の組織も役割も変化してきました。けれども、学生たちが自分の希望にそって勉強をし、それを教師が支援するというそもそもの時からの大学教育の本質は変わっていません。大学生協はウニヴェルシタス（学生と教師の組合）という大学の初心を忠実に守って事業に取り組んでいる組織だということを、改めて述べておきたいと思います。

日本では戦後間もない頃に、アジア太平洋戦争で戦没した学生たちの遺稿が学生と教職員有志により集められ、1949年に遺稿集『きけ わだつみのこえ』が東京大学生協から刊行されました。今年はその70周年にあたります。その後、国公私立を問わず各地の大学に学生と教職員の熱意によって生協がつくられ、1959年には大学生協間の協同のため全国大学生活協同組合連合会が発足しました。今年はその60周年を迎えます。大学生協は、戦前に賀川豊彦が東京学生消費組合へ贈った言葉「未来は我等のものなり」を標語に掲げて、学生本位の平和で自由な勉学環境を育てるためにさまざまな活動を続けてきました。

1998年にユネスコ（国連教育科学文化機関）から発表された『21世紀に向

けての高等教育世界宣言―展望と行動―』という文書があります。その前文では、「いま価値観の深刻な危機を経験しているわれわれの社会は、単なる経済的な考慮を超えて、いっそう深い道徳性と精神性の次元を組み入れること」が高等教育の役割に求められると述べられ、第6条では、「究極的に、高等教育は、人類愛によって鼓舞され、かつ英知に導かれる高い教養と意欲をもち、かつ完成された人格をもつ個々人によって構成される、暴力と搾取のない新しい社会の創造をめざさなければならない」と述べられています（日本科学者会議訳）。『21世紀に向けての高等教育世界宣言』は日本の大学と大学生協の明日への展望を拓く重要な文書だといえるのではないでしょうか。

同第10条には、高等教育に関する諸問題の理解と解決へ向けて「学生の関与が保障されなければならない」とも述べられています。政治や産業界の要請からの大学教育改革がかまびすしく説かれていますが、大学の教職員は、そうした改革論議で消耗することなく、日々の学生との関わりのなかで内発的に生まれてくる教育課題を掴んで、その正しい解決に取り組むことがなによりも大切だということを実感しています。それこそが教職員が未来を担う学生たちに対して果たすべき責任です。

本書をお読みいただいた方は、シンポジウムのなかで大内裕和先生が説かれた「学生であることを獲得する」という主張の意味とその重大性を理解されたことと思います。授業時間外学習の充実ひとつをとってみても、学生には授業時間の2倍の時間を確保することが求められているのです。大学生の学習権の保障、そのための生活の保障について大学生協から本格的な議論をおこしていきたいと思います。そして、もうひとつ、大学生協が大切にしたいことは各地で行われている学生支援の様々な取り組みです。本書第Ⅱ部に20事例を収録しましたが、これらは教職員委員会のメンバーが集めた50事例のうちから選んだものです。この他にもたくさんあることと思います。それらの支援の成果を持ち寄り交流することにより、それは大学生協の協同を通じて広がっていくことでしょう。教職員委員会の活動は小さくとも、種を蒔く人でありたいと思います。

最後になりましたが、「2018全国教職員セミナーin富山」実行委員長を務められた横畑泰志先生に感謝を申し上げます。本書を刊行できますのは大学教育出版へ推薦の労をとっていただいた玉真之介先生（全国大学生協連前副会長）と大学教育出版の佐藤守さんによるものです。心よりお礼を申し上げます。

2019年5月

編集委員会を代表して

松野尾　裕

著者紹介

大内　裕和（おおうち　ひろかず）

1967年神奈川県生まれ。東京大学大学院教育学研究科博士課程をへて、現在は中京大学国際教養学部教授。専門は教育学・教育社会学。奨学金問題対策全国会議共同代表。2013年に「学生を尊重しないアルバイト」のことを「ブラックバイト」と名づけて、社会問題として提起する。主な著書に『奨学金が日本を滅ぼす』（朝日新書、2017年)、『ブラックバイトに騙されるな！』（集英社、2016年)、『ブラック化する教育 2014-2018』（青土社、2018年）などがある。

高本　雅哉（たかもと　まさや）

全国大学生協連教職員委員会2019年度委員長、信州大学医学部特任教授

松野尾　裕（まつのお　ひろし）

全国大学生協連教職員委員会2018年度委員長、愛媛大学教育学部教授

寺尾　善喜（てらお　よしき）

全国大学生協共済生活協同組合連合会専務理事

船越　高樹（ふなこし　こうじゅ）

京都大学学生総合支援センター障害学生支援ルーム高等教育アクセシビリティプラットフォーム特定准教授

小澤　将也（おざわ　まさや）

全国大学生協連院生委員会2018年度委員長

佐藤　晃司（さとう　こうじ）

関西学生アルバイトユニオン事務局長

宮永　聡太（みやなが　そうた）

全国大学生協連学生委員会2018年度委員長

加賀美　太記　（かがみ　たいき）

全国大学生協連教職員委員会 2019 年度副委員長、就実大学経営学部准教授

編集委員会

松野尾　裕　上掲

高本　雅哉　上掲

今山　稲子　（いまやま　いねこ）

全国大学生協連教職員委員会 2019 年度副委員長、京都大学理学研究科生物科学図書室職員

只友　景士　（ただとも　けいし）

全国大学生協連教職員委員会 2019 年度副委員長、龍谷大学政策学部教授

加賀美　太記　上掲

2018年度全国教職員委員会

委 員 長

松野尾 裕	愛媛大学 教員

副委員長

高本 雅哉	信州大学 教員
今山 稲子	京都大学 職員

委 員

田中 邦明	北海道教育大学 教員
笠原 敏史	北海道大学 教員
荒川 修	弘前大学 教員
林 薫平	福島大学 教員
佐藤 敬一	東京農工大学 教員
佐々木俊介	桜美林大学 職員
皆川 清	名古屋大学 職員
朴 恵淑	三重大学 教員
奥田 實	富山県立大学 教員
横畑 泰志	富山大学 教員
玉井 大輔	滋賀県立大学 職員
只友 景士	龍谷大学 教員
井内 善臣	兵庫県立大学 教員
矢野 泉	広島修道大学 教員
加賀美太記	就実大学 教員
鹿内 健志	琉球大学 教員
高橋 俊浩	宮崎大学 教員

オブザーバー

北見 宏介	名城大学 教員
田中 輝和	松山大学 職員

ブロック事務局

萩原 英司	北海道 BK 職員
田中 康治	東北 BK 職員
井上 養明	東北 BK 職員
関根 明	東京 BK 職員
青山 武史	東海 BK 職員
野尻 郁智	関西北陸 BK 職員
横山 治生	関西北陸 BK 職員
神田 斉宜	中国・四国 BK 職員
谷本 利恵	中国・四国 BK 職員
藤原 博徳	九州 BK 職員

事務局

田足井 肇	全国大学生協連 職員
堀池 智	全国大学生協連 職員
守屋 隆	全国大学生協連 職員

■ 全国大学生活協同組合連合会教職員委員会

この委員会は、大学生協に加入している教職員が大学ごとに行う活動及び7つの地域ブロックごとに行う活動の全国的な取りまとめを行っています。特に教職員の専門性を活かして、SDGsの大きな目標のもとに、「学びと成長、読書＋α」「食と安全」「平和と民主主義」「環境と防災」「協同組合」の5つのプロジェクトを組織し、活動しています。これらの活動の成果を2年に一度開催する全国教職員セミナーにおいて発信すると共に、各地の活動の交流と共有を図っています。大学の中で生協が果たす役割は増しており、教職員委員会は大学運営と生協事業をつなぐ役割も担っています。

https://www.univcoop.or.jp/activity/teachers/index.html

大学生のためのセーフティーネット

― 学生生活支援を考える ―

2019年6月25日　初版第1刷発行

■編　　者――全国大学生活協同組合連合会教職員委員会
■発 行 者――佐藤　守
■発 行 所――株式会社 大学教育出版
〒700-0953　岡山市南区西市855-4
電話（086）244-1268　FAX（086）246-0294
■印刷製本――モリモト印刷(株)

ISBN978－4－86692－031－3